Der vorliegende Band III: Das Leistungstraining (B- und A-Junioren) ist der dritte Teil meiner 3-teiligen Buch-Serie: *Fußball spielend lernen*, die wie ein Rahmentrainingsplan zu verstehen ist, und ist für diejenigen Trainerkollegen unter Ihnen gedacht, die primär in diesen Altersstufen als Trainer / Lehrer tätig sind.

Die weiteren 2 Bände meiner Buch-Serie komplettieren diesen Rahmentrainingsplan Juniorenfußball und handeln folgerichtig vom Grundlagentraining (= Teil I), sowie vom Aufbautraining (= Teil II).

Teil II und Teil III sind dementsprechend vor allem für *die* Trainerkollegen interessant, die mit *diesen* Jahrgängen trainieren und auch nur für diese Jahrgangsstufen die entsprechenden Informationen für ein attraktives und zudem auch erfolgreiches Juniorentraining benötigen.

Allen anderen Trainerkollegen, die sich für die komplette Ausbildung und damit auch für den kompletten 12-jährigen Rahmentrainingsplan interessieren, denen empfehle ich mein ebenso bei Amazon erschienenes Buch: *Fußball spielend lernen* - Rahmentrainingsplan Juniorenfußball -.

Im Übrigen werden vor allem die Leser dieses Bandes meiner Buch-Serie profitieren, die *keine Trainerlizenz* (!) besitzen, die aber trotzdem inhaltlich wie methodisch sehr effektiv und insbesondere eben mit sehr viel Spaß das Training ihrer Junioren durchführen möchten.

Denn mein Buch *Fußball spielend lernen* - Teil III: Leistungstraining enthält nicht nur die von mir entwickelte und sehr einfach anzuwendende Pakta©-Lehrmethode, sondern auch zahlreiche *Korrekturhinweise*, mit deren Hilfe Sie ebenso sehr einfach fehlerhafte Techniken sowie auch fehlerhafte Taktiken im Grundlagenalter sofort und sehr effizient verbessern können!

Nicht zuletzt sorgen die vielen Variationen der 10 Spielformen des Leistungsalters (= B- bis A-Junioren) für ein stets abwechslungsreiches Training, welches sodann der Grundstein für ein kreatives Spiel in allen Mannschaftsteilen inklusive des Torwartes ist.

Somit bieten Ihnen diese *zahlreichen Spielformen* mit ihren ebenso *zahlreichen Variationen* und Coaching-Hinweisen im Verein wie auch in der Schule genügend Möglichkeiten ein für jedermann, sowohl attraktives als auch einfach zu erlernendes Fußballspiel durchzuführen!

Ganz gemäß dem Motto des Buches:

Fußball spielend lernen

Übrigens schließen die lediglich aus Gründen der besseren Lesbarkeit von mir verwendeten Begriffe:

'Trainer' alle Trainerinnen, 'Junioren' alle Juniorinnen, 'Lehrer' alle Lehrerinnen sowie 'Spieler' alle Spielerinnen selbstverständlich mit ein!

Ihr Uli Schröder

Gelsenkirchen, im Frühjahr 2024

für Fabian

*Eure Kinder sind nicht eure Kinder. Sie sind die Söhne und Töchter
der Sehnsucht des Lebens, nach sich selbst.*

Khalil Gibran

Gliederung

    Vorwort   4

1 Die Technik- und Taktik-Ausbildung im Vergleich: früher und heute   5

    1.1 Die Spielfunktion der Handlungsschnelligkeit   6
    1.2 Fußball spielen lernt man nur durch Fußball spielen   7
    1.3 Die Vorteile der früheren Bewegungsvielfalt vieler Kinder   7
    1.4 Die Nachteile des heutigen Bewegungsmangels im Computer-Zeitalter   9

2 Der Rahmentrainingsplan Juniorenfußball (Theorie)   9

    2.1 Das Konzept   10
    2.2 Die drei Ausbildungsphasen   11

3 Pädagogische Prinzipien der Methodik und Didaktik   14

    3.1 PAKTA© - ein einfach anzuwendendes, methodisches Lern-Prinzip   14
    3.2 Häufige Fehler und mögliche Korrekturen im Leistungstraining   17
    3.3 Lernziele - Lerninhalte - Saisonplanung   18

4 Das Basisbausteine-Prinzip   20

5 Das Technik- und Taktiktraining   21

    5.1 Das Techniktraining im Leistungstrainingsalter   21
    5.2 Das Taktiktraining im Leistungstrainingsalter   28
    5.3 Die 10 Basisbausteine des Leistungstrainingsalter   43

6 Abbildungen und Skizzen   72

7 Zu guter Letzt   74

8 Zum Autor   76

Vorwort

Uli Schröder, den ich während unserer gemeinsamen Profizeit beim FC Schalke 04 kennengelernt habe, ist es mit dem vorliegenden Buch auf beeindruckende Art und Weise gelungen, für alle Juniorentrainer - ob mit oder ob ohne Trainerlizenz - eine gut verständliche Brücke zwischen der Fußballtheorie und der Fußballpraxis zu schlagen.

Das heißt sein Rahmentrainingsplan Juniorenfußball (= RTJ) berücksichtigt sowohl die aktuellen, grundlegenden trainingswissenschaftlichen Erkenntnisse als auch die daraus resultierenden Inhalte und Methoden eines erfolgreichen Technik- und Taktiktrainings, und das für alle Altersstufen sowie unabhängig von der Ligazugehörigkeit eines jeden Vereins.

So hat man beim Lesen dieses Buches jederzeit den Eindruck, dass ein Fußball-Praktiker mit Sachverstand am Werk ist, der sein fundiertes theoretisches Wissen für jedermann leicht nachvollziehbar in den Dienst der Praxis und damit in den Dienst von uns Trainern stellt.

Besonders gelungen finde ich die schlüssig an vielen praktischen Beispielen - so etwa aus den Bereichen des Koordinations-, aber auch des Technik- und Taktiktrainings - dargestellte Entwicklung vom früheren Straßenfußball hin zum heutigen eher ausbildungsorientierten Training in unseren zahlreichen Amateurvereinen mit ihren sehr engagiert, jedoch zumeist ohne Lizenz arbeitenden Juniorentrainern.

Denn aus meinen eigenen jahrelangen Erfahrungen als Trainer weiß ich, wie schwierig es manchmal ist, zwar gut durchdachte und gut vorbereitete Übungen letztlich mit der richtigen Methodik bzw. dem richtigen Coaching auch erfolgversprechend im Training umzusetzen.

Diese Juniorentrainer ohne Lizenz erhalten mit diesem Buch zahlreiche, sehr praxisorientierte Hilfestellungen, die sie sofort ‚Eins zu Eins' in ihrem Training umsetzen können.

Nicht zuletzt bietet der vorliegende RTJ für jeden Verein, egal ob er eher leistungsorientiert ausbildet oder nicht, eine zielführende Orientierungshilfe für die Erstellung eines eigenen, 12-jährigen vereinsinternen Ausbildungskonzeptes.

Mehr noch, dieser RTJ kann sogar selbst, sprich im Verein eines jeden Lesers, als 12-jähriger Rahmentrainingsplan in allen Altersstufen angewandt werden.

Dies ermöglicht zum einen seine für alle Altersstufen klare Struktur und zum anderen die logisch aufeinander aufbauenden Inhalte (= Basisbausteine), die jederzeit bei stattfindenden Entwicklungen - vor allem taktischer Art - ergänzt und nachträglich in den RTJ, integriert werden können.

Ich wünsche Uli Schröder mit seinem Buch den Erfolg, den es verdient hat, und Ihnen lieber Leser die Erkenntnisse, die Sie sich vielleicht für Ihre Trainingsarbeit auf dem Platz von diesem Buch erhofft haben!

Ihr Klaus Fischer

Gelsenkirchen, im Frühjahr 2022

1 Die Technik- und Taktik-Ausbildung im Vergleich: früher und heute

Will man einen Vergleich anstellen zwischen der früheren und der heutigen Technik- und Taktik-Ausbildung, so könnte man diesen Vergleich auf folgende Aussage reduzieren:

Vom früheren, kreativen Straßenfußball zum heutigen, organisierten Vereinsfußball. Dieser Satz enthält meines Erachtens nämlich zwei wichtige Erkenntnisse:

Zum einen betont der erste Teil des Satzes die Selbstverständlichkeit eines sehr kreativen Straßenfußballs; d.h. der frühere Straßenfußball der sogenannten Siedlungskinder implizierte immer eine hohe Variabilität der Spielformen mit zumeist in engen Räumen sowie auf kleinen Spielfeldern agierenden Mannschaften.

Dadurch wurde die Handlungsschnelligkeit - und die Technik und Taktik sind zwei wichtige Komponenten derselben - von Anfang an kindgemäß durch diese vielfältigen Spielformen auf der Straße oder auch in den so zahlreichen engen Hinterhöfen der Siedlung entwickelt, ohne dass es irgendwelcher Trainer oder Ausbilder bedurfte.

Und zum anderen verweist der obige Satz auf die heutzutage häufig nur noch organisiert im Verein stattfindende Ausbildung, da einerseits die ehemals freien Spielflächen durch stattgefundene Bebauungen vielerorts fehlen und zudem das Freizeitverhalten vieler Kinder und Jugendlicher sich andererseits oftmals grundlegend verändert hat (→ ‚Computer-Kids').

Nicht zuletzt verbringt - zumindest ein großer Teil der heutigen Kindergeneration - viel mehr Zeit mit eben diesen Computerspielen als mit kreativen Spielen an der frischen Luft.

Allerdings lässt der zweite Teil obiger Aussage: ‚Vom früheren, kreativen Straßenfußball zum heutigen, organisierten Vereinsfußball' völlig offen ob nicht auch ein gut strukturierter Rahmentrainingsplan im Verein durch entsprechend Inhalte und Methoden in der Lage ist, ein inhaltlich abwechslungsreiches und methodisch kreatives Juniorentraining zu gewährleisten.

Gleichwohl kann selbst ein abwechslungsreiches Juniorentraining schon aus Zeitgründen die frühere Straßenausbildung zwar niemals ersetzen, so jedoch trotzdem Zeit und Raum für eine optimale Entwicklung der Spielintelligenz unter den heutigen Bedingungen ermöglichen!

Insofern versucht mein RTJ das jedem Basisbaustein zugrunde liegende Ausbildungsthema mittels lediglich einer dazu passenden Spielform - sowie im Grundlagen- und Aufbautraining noch dazu passenden Basisübung - dem Trainer zwar kurz, aber schlüssig zu erklären.

So kann dieser dann gemäß dem vorgestellten Prinzip nach erfolgreicher Vermittlung des jeweiligen Basisbausteins weitere, kreative Übungen / Spielformen variabel entwickeln sowie dadurch zum einen, wie oben beschrieben, die Spielintelligenz der Junioren und zum anderen sich aber auch selbst als Trainerpersönlichkeit sehr kreativ entwickeln.

Der RTJ lässt somit denjenigen, für die er in erster Linie geschrieben wurde - nämlich für all die engagierten Juniorentrainer - auch genügend Spielraum, ihrer Mannschaft sowohl durch die Auswahl weiterer sinnvoller Übungen sowie deren taktische Umsetzung im Spiel als auch durch ihre individuelle Art des Coachings ‚ihren eigenen, kreativen Stempel aufzudrücken'.

1.1 Die Spielfunktion der Handlungsschnelligkeit

Die letzten vier Weltmeisterschaften (→ WM 2006 in Deutschland / WM 2010 in Südafrika / WM 2014 in Brasilien / WM 2018 in Russland) zeigten sehr eindrucksvoll, dass im heutigen Profifußball - will man ihn attraktiv und erfolgreich spielen - neben dem positiv-aggressiven Zweikampfverhalten vor allem die Wahrnehmungsschnelligkeit als wichtige Komponente der Handlungsschnelligkeit des Fußballspielers auf hohem Niveau entwickelt sein muss!

Das ist deswegen so wichtig, da die Spieler nur so unter dem sehr hohem Raum, Zeit- und Gegner-Druck effektiv am Spielgeschehen teilnehmen und ihre technischen Fertigkeiten, taktischen sowie auch konditionellen Fähigkeiten optimal einsetzen können!

Verfolgte man zudem die aktuellen Entwicklungen im Profifußball oder auch die Spiele in den Topnachwuchsligen der B- / A-Juniorenbundesliga sowie bei der Euro 2016, Euro 2020, so bestätigte sich zunehmend, dass das situative Variieren taktischer Systeme bereits während eines Spiels mehr und mehr zur Anwendung kam und an stark Bedeutung gewonnen hat.

Und da EMs und WMs schon immer Vorreiter für die darauffolgenden Entwicklungen im Junioren- und Amateurfußball waren, werden sich in der Zukunft letztlich nur folgende Fußballspieler in der Spitze, und mit den entsprechenden Abstufungen auch in den jeweiligen B- / A-Junioren sowie Amateurspielklassen, erfolgreich behaupten können:

Das sind diejenigen, die die technischen, vor allem aber die kreativ-taktischen Merkmale der Handlungsschnelligkeit gleichermaßen gut entwickelt haben und auch effektiv und mit der entsprechenden Athletik sehr handlungsschnell umsetzen können!

Und eine gute Mentalität - damit meine ich einerseits eine gute psychische Stabilität sowie andererseits eine positive Zweikampf-Aggressivität - sorgt letztlich dafür, diese Qualitäten jederzeit auch gegen Widerstände - › Gegner / › Tabellenplatz / › Zuschauer / › sehr schlechte Platzverhältnisse - als Teamplayer mit dem dazu zwingend notwendigen Teamspirit in jedem Alter und in jeder Liga sicher realisieren zu können!

‚Never give up'!

Somit kommt der zukünftigen Ausbildung von jungen Fußballspielern vor allem hinsichtlich der Spielfunktion ihrer Wahrnehmungsschnelligkeit eine noch größere Bedeutung zu, um frühzeitig die Basis für einen qualitativ guten und erfolgreichen Seniorenfußball zu legen.

Im Juniorenbereich dürfen jedoch die Anforderungen für die Entwicklung der einzelnen Komponenten der Handlungsschnelligkeit, und die Wahrnehmungsschnelligkeit ist ein sehr wichtiger Teil dieser Handlungsschnelligkeit, gemäß der Einteilung › Grundlagen-, › Aufbau- und › Leistungstraining nur allmählich gesteigert werden, um diese Anpassungen vor allem grundsätzlich risikolos, sprich ohne Formverlust und Verletzungen erreichen zu können!

Das Ziel ist es insofern, zwar kontinuierlich Jahr für Jahr, jedoch jederzeit behutsam alle leistungsrelevanten Handlungs- und somit auch Wahrnehmungsschnelligkeits-Komponenten gleichermaßen qualitativ optimal zu entwickeln.

1.2 Fußball spielen lernt man nur durch Fußball spielen

Aus obigen Ausführungen ergibt sich die Binsenweisheit, dass man das Fußballspielen eben nur durch das Fußball spielen selbst erlernen kann!

Und diese Binsenweisheit machten sich - wie gerade beschrieben - über viele Jahre die so oft zitierten Straßenfußballer mit dem Kicken in kleinen Gruppen sowie in engen Räumen auf oftmals sehr kleinen Spielfeldern zu Nutze.

Dieses Spielen im: Drei gegen Drei oder im: Drei gegen Zwei oder im: Vier gegen Vier usw. entwickelte frühzeitig sehr kindgemäß auf spielerische Art und Weise die Spielfähigkeit dieser Kinder und so auch deren Handlungsschnelligkeit unter Raum- und Zeitdruck, indem es ihre schnelle Wahrnehmung, Kreativität und Technik förderte und forderte!

Das soziale Miteinander entwickelte zudem spielerisch die so wichtige Sozialkompetenz und eine den Straßenfußballern eigene psychische Stabilität, indem ihr Selbstbewusstsein in der Gruppe zunehmend reifte und sie zu positiv frechen Kindern und Jugendlichen aufwuchsen.

Und wenn mal nicht genug Kinder für ein Fußballspiel draußen waren, dann beschäftigten sie sich mit anderen, u.a. die allgemeine Koordination fördernden Ball- oder Bewegungsspielen.

Mal ermittelten sie in einer Kleingruppe den Elfmeterkönig im Garagenhof, mal führten sie einen Kopfballwettbewerb im: Eins gegen Eins zwischen zwei Teppichstangen durch - die zumeist in einem Hinterhof standen und als Tore dienten - oder aber sie übten allein an einer Hauswand das beidfüßige Passen oder auf einer Wiese das alleinige Ball-Jonglieren usw.

Der Kreativität im Umgang mit dem Ball wurden früher also keine Grenzen gesetzt und so kam es immer wieder zu einem zufälligen Wechsel von Spiel- und Übungsformen, je nachdem wie viele Kinder gerade draußen waren und worauf man gerade Lust hatte.

Dies taten die Kinder fast täglich und oft stundenlang nach der Schule und dem Mittagessen sowie nach Erledigung ihrer Schul- bzw. Hausaufgaben.

Pausen machte man nur dann, wenn man - wie es so schön in der Kindersprache hieß - ‚kaputt' war, und beendet wurde dieses bewegungsfreudige Treiben häufig erst, wenn die Laternen in der Siedlung angingen und alle Kinder zum Abendessen nach Hause mussten…

1.3 Die Vorteile der früheren Bewegungsvielfalt vieler Kinder

Das Fußballspielen auf meist holprigen, unebenen Untergrund sowie vor allem aber auch die vielen anderen, nicht fußballspezifischen Bewegungsspiele mit ihren zahlreichen Variationen unterstützten ganz nebenbei und vor allem auch sehr spielerisch optimal die Entwicklung der in diesem Alter ebenso wichtigen, allgemeinen Bewegungskoordination.

Denn diese allgemeinen koordinativen Fähigkeiten, die ja nicht durch das Fußballspielen an sich, sondern primär durch das spielerische Klettern, Hüpfen, Springen oder Drehen und durch weitere, unzählige allgemeine Bewegungsspiele und Bewegungsvariationen sehr kreativ von den Kindern entwickelt wurden, bildeten die allgemeinen koordinativen Grundlagen für die sportart-, sprich für die fußballspezifische Bewegungskoordination.

Beispielhaft seien hier nur die folgenden vier sehr beliebten Bewegungsspiele genannt:

1 Seil-Springen / 2 Gummitwist / 3 Fangenspielen / 4 Klettern

So schulte zum Beispiel das Fangenspielen spielerisch die für das Fußballspielen so elementaren kurzen Antritte mit den sehr abrupten Richtungswechseln und variantenreichen Drehungen beim Freilaufen oder im: Eins gegen Eins beim Ausspielen eines Gegenspielers.

Die Sprungspiele Gummitwist und Seil-Springen entwickelten die so schwierige Koordination des gesamten Körpers beim Springen im Allgemeinen und die Kopfballwettbewerbe zwischen zwei Teppichstangen das für das Kopfballspiel so wichtige Timing im Besonderen.

Und das Klettern auf einem Klettergerüst oder auf einem Baum entwickelte auf sehr einfache, spielerische, aber trotzdem sehr effektive sowie frühfunktionale Art und Weise, die Kraft und die Beweglichkeit der für den Fußballspieler so bedeutsamen Rumpfmuskulatur.

Denn die Rumpfmuskulatur des Spielers ist das so wichtige biomechanische Widerlager für seine zahlreichen Antritte und Sprints, von denen er früher ca. 80 bis 100 pro Spiel in 90min, - je nach Definition eines Sprints im Sinne des dabei zurückgelegten Sprintweges in Metern - absolvieren musste; heute sind es dementsprechend bis zu ca. 150 Sprints pro Spiel in 90min.

Die Vorteile dieser beschriebenen, früheren Bewegungsvielfalt war, dass die Kinder in einem Alter, in dem sie sich früher in ihrem Fußballverein anmeldeten, zumeist erst in den D-Junioren - also mit elf bis zwölf Jahren - dank ihrer kindlichen Kreativität einerseits bereits auf ein umfangreiches, allgemeines koordinatives Bewegungsrepertoire zurückgreifen, und andererseits schon gut mit dem Ball umgehen und recht kreativ Fußball spielen konnten.

Das heißt, sowohl die allgemeinen koordinativen Fähigkeiten als auch die fußballspezifischen technischen Fertigkeiten sowie ebenso die Spielfähigkeit waren früher bei vielen Kindern bereits bei Vereinseintritt auf einem guten Handlungsschnelligkeitsniveau entwickelt!

Übrigens war ein nicht zu unterschätzender, positiver Nebeneffekt dieser kreativen, variablen Bewegungsvielfalt in der frühen Kindheit gemäß dem: ‚Learning by doing' im Sinne des sogenannten ‚Differentiellen Lernens' zudem das ungezwungene, spielerische Ausprobieren weiterer, vielfältiger neuer Bewegungsformen; das Kind erlernte also selbstständig, d.h. ohne jedwede externen Traineranweisungen, alle nur denkbaren, individuellen Bewegungsmuster.

1.4 Die Nachteile des heutigen Bewegungsmangels im Computer-Zeitalter

Mit dem Beginn des modernen Computerzeitalters und dem dadurch bedingt bei sehr vielen Kindern und Jugendlichen veränderten Freizeitverhalten sowie durch - vor allem in den Ballungsräumen der Großstädte - zunehmend fehlende freie Spielflächen verschlechterten sich durch eine stetig größer werdende Bewegungsarmut jedoch sowohl die allgemeinen koordinativen Fähigkeiten als auch besagte Spielfähigkeit bei vielen Kindern dramatisch!

Wie aber können denn unter diesen heutigen Bedingungen des Bewegungsmangels, überhaupt erfolgsversprechende Lösungen aussehen, um diesen voranschreitenden Entwicklungen entgegenzutreten?

2 Der Rahmentrainingsplan Juniorenfußball (Theorie)

Einen zeitgemäßen Lösungsweg vor allem für lizenzlose Trainer anzubieten war für mich der ausschlaggebende Grund, meinen Rahmentrainingsplan Juniorenfußball (= RTJ) - der wie ein verkürzter, sehr kompakter Ausbildungsplan zu verstehen ist - zu schreiben!

Denn der RTJ stellt im Sinne eines Ausbildungstrainingsplans in allen Altersstufen eine in jedem Verein sowohl schnell als auch einfach zu installierende und vor allem auch langfristig einfach umzusetzende ‚Hilfe zur Selbsthilfe', im Besonderen eben für lizenzlose Trainer, aber auch für alle Lehrer sowie für alle ausbildungsorientierte Vereine und auch alle Schulen dar!

So kann mithilfe des RTJ bereits bei den Kleinsten, sprich an der Wurzel der Ausbildung, dem drohenden, schleichenden Qualitätsverlust im Juniorenfußball nicht nur mit viel Spaß, sondern zusätzlich auch durch eine kontinuierliche, bis zu den A-Junioren dauernde, gute Ausbildung von Anfang an erfolgsversprechend entgegengetreten werden.

In diesem Sinne hilft der RTJ somit sehr praxisorientiert allen Vereinen und allen Trainern erfolgreich, die zukünftigen, sehr anspruchsvollen Ausbildungsaufgaben auch zu meistern!

Denn der RTJ berücksichtigt sowohl die vielen, sehr praxisorientierten Anregungen und positiven Rückmeldungen der zahlreichen Trainerkollegen aus unzähligen Trainerschulungen, die ich für den FLVW sowie für den DFB in den zurückliegenden 25 Jahren leiten durfte als auch die zuletzt stattgefundenen diversen, taktischen Veränderungen im Fußball, so zum Beispiel den › Packing-Pass (früher = › Steilpass / Anm. des Verfassers).

Und da unsere Trainer die wesentlichen Multiplikatoren für eine gute Spielerausbildung sind, sollten sie in jedem Amateurverein einen hilfreichen Rahmentrainingsplan, vergleichbar mit einem Lehrplan in der Schule oder Curriculum an der Universität, an die Hand bekommen.

Und dieser Lehrplan sollte zwar auf wissenschaftlichen Grundlagen beruhen, er sollte aber den Fußball nicht ‚verwissenschaftlichen', sondern aufgrund der leicht nachvollziehbaren Inhalte und Methoden für jeden einfach zu verstehen und anzuwenden sein, egal welche Kenntnisse er als Trainer hat, bzw. egal ob er eine Lizenz besitzt oder nicht!

‚Die Qualität der Trainer / Lehrer bestimmt die Qualität der Ausbildung!'

Wie aber kann und muss ein für alle Trainer / Vereine anzuwendender Rahmentrainingsplan aussehen, damit er zum einen diesem Anspruch, wissenschaftlich grundsätzlich korrekt zu sein, gerecht wird, und zum anderen auch von jedem Trainer nicht nur verstanden, sondern auch problemlos durch dessen gutes, altersgemäßes Coaching umgesetzt werden kann?

2.1 Das Konzept

Mein RTJ erfüllt diese Ansprüche, weil er - dem Anforderungsprofil des modernen Fußballs entsprechend - die langjährig erforderliche, gezielt geplante und in den einzelnen Altersstufen logisch aufeinander aufbauende Ausbildung mit einem jeweils altersgemäßen Training sowie auch Coaching gewährleistet.

Nicht zuletzt lässt er aber auch jedem Trainer genügend Freiraum für eigene, kreative Ideen!

Zudem ist mein RTJ aufgrund seiner flexibel angelegten Grundstruktur jederzeit in der Lage, im Sinne eines Kontinuierlichen Verbesserungs-Prozesses (→ KVP), auf wichtige, und somit den Fußball deutlich verändernde Entwicklungen vor allem taktischer Art einzugehen, ohne jedoch dadurch den Leitfaden (s)einer elementaren Ausbildungs-Philosophie zu verlieren!

Er distanziert sich dementsprechend von den zumeist nur auf kurzfristigen Erfolg angelegten Plänen oder Konzepten und verfolgt auch demzufolge vor allem in der Ausbildung im Grundlagen- und im Aufbautrainingsalter primär keinen ergebnisorientierten Fußball!

Das muss er auch nicht, denn wenn man gut ausgebildet, stellt sich in der Regel mit etwas Geduld und bei guter Arbeit der Erfolg in allen Ausbildungsstufen quasi ganz von allein ein…

‚Wer gut ausbildet, der kann auf Dauer Erfolg nicht vermeiden!'

Der heutige Spieler im Seniorenbereich muss, um hinsichtlich seiner guten, spielgemäßen Handlungsschnelligkeit sowohl attraktiv als auch erfolgreich spielen zu können, auf engstem Raum und unter dem jeweiligen Liganiveau entsprechend hohen Zeit- und Gegner-Druck über die gesamte Spielzeit hoch konzentriert, schnell und effektiv agieren können.

Diese ligagemäße Handlungsschnelligkeit ist somit mit ihren Komponenten…

› Technik
› Taktik
› Athletik und
› Mentalität

… in jeder Spielklasse die wesentliche leistungslimitierende Größe und lässt sich letztlich auf jedem Niveau nur perspektivisch in einem langjährigen Prozess von den F- bis zu den A-Junioren sehr erfolgsversprechend entwickeln!

Dementsprechend sind viel Geduld bei allen Beteiligten sowie im - in vielen kleineren Vereinen jedoch nur selten vorkommenden - Idealfall vor allem bereits bei den jüngsten Kickern durch interne und externe Fortbildungen gut geschulte Trainer die wesentlichen Voraussetzungen für die erfolgreiche Umsetzung einer solch langjährigen, qualitativ hochwertigen Ausbildung zum handlungsschnellen und zudem sehr kreativen Spieler!

Ein weiterer wichtiger Aspekt ist in diesem Zusammenhang die schon früh einsetzende Schulung des Verantwortungsbewusstseins der Kinder und Jugendlichen für ihren eigenen Körper, welches im Seniorenalter, je nach Ligazugehörigkeit, durch eine sportmedizinische Betreuung mit dem entsprechenden Fachpersonal sinnvoll ergänzt werden sollte!

2.2 Die drei Ausbildungsphasen

Ähnlich einem Curriculum oder Lehrplan in der schulischen bzw. universitären oder alternativ auch beruflichen Ausbildung umfasst der RTJ die wesentlichen altersgemäßen Lernziele, Lerninhalte und Lernmethoden für die drei Ausbildungsabschnitte:

1 Grundlagentraining: F- und E-Junioren (= U8 bis U11)
2 Aufbautraining: D- und C-Junioren (= U12 bis U15)
3 Leistungstraining: B- und A-Junioren (= U16 bis U19)

Mein RTJ bietet demnach jedem Verein in dieser Hinsicht die allgemeine fußballspezifische Basis für ein altersgemäßes Training der Handlungsschnelligkeit in allen drei Altersstufen!

Und zwar unabhängig davon wie sich der einzelne Spieler aufgrund seines Talents sowie auch vieler anderer Einflussfaktoren (› Elternhaus / › Schule / › Freunde / › Fleiß / › Verletzungen / › Glück …) letztlich entwickeln, und auf welchem Niveau und in welcher Liga er somit später in der Regel dann auch spielen wird!

Insofern berücksichtigt er bei seiner Umsetzung vor allem die Tatsache, dass das Kinder- und Jugendtraining mit den unterschiedlichen Alters- und Entwicklungsstufen sowie den altersgemäß entsprechend unterschiedlichen Zielen, Inhalten und Methoden jeweils seinen eigenen Gesetzmäßigkeiten unterliegt und somit klar vom Seniorentraining abzugrenzen ist!

Denn das Training von Erwachsenen ist nicht ‚Eins zu Eins' auf das Jugendtraining und erst recht nicht ‚Eins zu Eins' auf das Kindertraining übertragbar!

Im Zentrum der Taktik-Schulung geht es in allen Ausbildungsphasen zum einen vor allem um die schnelle und richtige Wahrnehmung sowie zum anderen zu Beginn der Ausbildung zunächst nur um das kindgemäße Erlernen und später dann um das permanente, altersgemäße Verbessern der Spielfähigkeit im Sinne der Spielintelligenz.

Jedes fußballspielende Kind erhält somit im Verein die Möglichkeit, auf der Basis (s)einer in den F- und E-Junioren breit angelegten, kompetenten Grundlagenausbildung in den Bereichen allgemeines Koordinations- sowie fußballspezifisches Techniktraining, sich in der Folge seinem individuellen Talent entsprechend als Juniorenspieler taktisch optimal zu entwickeln.

Dabei bilden die im Grundlagenalter erlernten, individuellen fußballspezifischen technischen Fertigkeiten und allgemeinen koordinativen Fähigkeiten zwar die Basis für alle zu lernenden Ausbildungsinhalte, insbesondere aber für das schnelle Anwenden des situativ richtigen, individual- und mannschaftstaktischen Verhaltens sowohl im B- und A-Junioren-, als auch im Seniorenalter!

12

Übersicht über die altersgemäßen Trainingsschwerpunkte (B- bis A-Junioren)

Leistungstraining

Taktik
1 Positionsspiel
2 Großgruppe
3 Mannschaft

Technik
1 Positionsspezifische Koordination
2 Passtechnik

Athletik
1 Grundlagenausdauer
2 Schnelligkeitsausdauer
3 Antrittsschnelligkeit

Aufbautraining

Taktik
1 Individualtaktik im 1:1
2 Kleingruppentaktik: Bewegungsschemata im: 2:2 / 3:3 / 4:4

Technik
Automatisierung der:
1 fußballspezifischen Techniken
2 Bewegungskoordination

Athletik
1 Grundlagenausdauer
2 Schnelligkeitsausdauer
3 Antrittsschnelligkeit

Grundlagentraining

Taktik
1 Wahrnehmungsschulung
2 Grundlagen des Spiels: Offensive / Defensive

Technik
1 Basisbausteine 1-10
2 Allgemeine Koordination: Laufen / Drehen / Springen

Athletik
1 Allgemeine Bewegungsspiele

Abb. 1: Übersicht über die altersgemäßen Trainingsschwerpunkte (B- bis A-Junioren)

3 Pädagogische Prinzipien der Methodik und der Didaktik

Ziele - Inhalte - Methoden - Fehler - Korrekturen - Organisation - Hilfsmittel

Wenn man einen Rahmentrainingsplan für Fußballjunioren schreibt, dann sollte man auch einige die Pädagogik, sprich die Didaktik und die Methodik betreffende Vorüberlegungen anstellen!

Folgende Fragen sind in diesem Zusammenhang somit sinnvoller Weise zu stellen:

› Welche Inhalte sollen in welchem Alter vermittelt, und welche Lernziele sollen dadurch mit Hilfe welcher altersgemäßen Methoden schließlich erreicht werden?

› Wie kann ich Technik- oder auch Taktik-Fehler überhaupt erkennen?

› Und mit welchen Korrekturen lassen sich diese Fehler sodann möglichst optimal beheben?

› Wie steht es um die in vielen Vereinen zum Beispiel sehr unterschiedliche, zeitlich-räumliche Organisation des Trainings? (‚Wie lange trainiert meine Mannschaft? Wie viel Platz habe ich für das Training zur Verfügung, nur ein halbes oder das ganze Spielfeld?').

› Wie sieht es mit den anderen Rahmenbedingungen aus, wie zum Beispiel mit zur Auswahl stehenden organisatorischen Hilfsmitteln (= Bälle, Hütchen oder Reifen)?

› Über welche Vorkenntnisse verfügen die Lernenden?

3.1 PAKTA© - ein einfach anzuwendendes, methodisches Lern-Prinzip

Da die ausführliche Beantwortung aller obigen Fragen den Rahmen dieses Buches sprengen würde, möchte ich Ihnen nur kurz *ein* mögliches methodische Vorgehen im Techniktraining, welches ich selbst entwickelt habe, vorstellen und dieses an folgender, recht einfachen ‚Methodischen Reihe' beispielhaft und für Sie wiederum recht praxisnah verdeutlichen:

P Eine neue Technik variantenreich **p**räsentieren (zum Beispiel: › das Dribbeln)
A Die Kinder diese Technik zunächst unbedingt **a**usprobieren lassen (= › ‚Differenzielles Lernen' oder sogar › ‚Lernen auf Anhieb' bei besonders talentierten Spielern ermöglichen)
K Situativ sinnvoll **k**ritisieren:
   1 Loben (= die zu erlernende Technik bei wiederholt richtiger Ausführung verstärken)
   2 Korrigieren (= die zu erlernende Technik bei häufig falscher Ausführung korrigieren)
T Die neue, richtige Technik variantenreich **t**rainieren (➔ üben / ‚drills') und automatisieren
A Die neue, richtige Technik variantenreich und wettkampfspezifisch **a**nwenden!

Oder - sehr verkürzt - ausgedrückt:

› **P**räsentieren
› **A**usprobieren
› **K**ritisieren
› **T**rainieren
› **A**nwenden

Um das Coaching für den Trainer in manchen Situationen zu vereinfachen, dürfte somit klar sein, dass das Präsentieren einer zu lösenden Aufgabe - sei es wie oben für Sie dargestellt, eine einfache Aufgabe im Techniktraining des Grundlagenalters oder sei es eine schon etwas komplexere taktische Aufgabenstellung im Leistungsalter - *der* entscheidende Faktor in der Kommunikation zwischen dem Trainer und seinen Spielern hinsichtlich eines optimal zu gestaltenden Lernprozesses ist!

So könnte das gleichzeitige Ansprechen aller Sinneskanäle (› visuell / › akustisch / › taktil-kinästhetisch) - also zum Beispiel beim Präsentieren einer neuen Technik des Ballführens im Grundlagentraining - mit nur *einer* Übung sowohl alle Kinder gleichzeitig erreichen als auch Lernfolge bei allen qualitativ gut sowie auch quantitativ schnell, sprich optimal generieren!

<u>Das entsprechend sehr zeitsparende Procedere könnte beispielhaft wie folgt aussehen:</u>

1. Der Trainer demonstriert das Ballführen, d.h. visuell, also ‚mit den Augen lernende Kinder' werden im Sinne des Imitationslernens primär angesprochen und erklärt dabei…

2. mit eigenen Worten die wesentlichen technischen Merkmale, zum Beispiel die genaue Fußstellung beim Ballführen, d.h. ‚akustisch lernende Kinder' werden primär angesprochen …

3. … und die Kinder machen die Übung sofort nach, also jedes Kind führt seinen eigenen Ball, d.h. ‚taktil-kinästhetische lernende Kinder' werden primär angesprochen …

4. … und der Trainer korrigiert entweder während des Übens die Kinder, die die Übung bzw. die neue, zu erlernende Technik, wiederholt fehlerhaft ausführen oder er lobt (= positive Verstärkung) die Kinder, die wiederholt die Übung entsprechend technisch gut ausführen!

Die unter viertens angesprochenen Korrekturen sowie das Loben runden dieses ganzheitliche Coaching im Sinne einer wichtigen, regelmäßig durchzuführenden Lernerfolgskontrolle selbst in der kleinsten Lerneinheit, der Basisübung, einerseits und durch diese positive Verstärkung des Lobs im Sinne eines kontinuierlichen Verbesserungsprozesses (→ KVP) andererseits ab!

Das ist deswegen so wichtig, da das vor allem im Grundlagentraining sehr geringe Zeitbudget - meistens nur 1 bis max. 2 Trainingseinheiten pro Woche über je nur 1 Stunde - hinsichtlich der angedachten und zu erreichenden Lernziele ein unbedingtes sinnvolles Beschleunigen der Lernprozesse durch ein entsprechend zeitsparendes - aber trotzdem zielführendes! - sprich erfolgreiches Coaching erforderlich macht.

D.h. während früher durch das tägliche sich Beschäftigen der Straßenfußballer mit dem Ball durch dieses ‚Learning by doing' bei fast jedem Kind durch das häufige Wiederholen und Ausprobieren - bis man irgendwann die richtige Technik endlich herausgefunden hatte - oft noch Erfolge erzielt wurden, bleiben heute dagegen vor allem aus besagtem Zeitmangel immer mehr Kindern diese so wichtigen Erfolgserlebnisse unglücklicherweise versagt!

Diese Kinder brauchen jedoch ebenso zwingend diese elementaren Erfolgserlebnisse, um irgendwann mit den dann gleichsam erlernten und später automatisierten Techniken ihrem Talent entsprechend gleichermaßen erfolgreich und attraktiv Fußball spielen zu können.

<u>Aber es gilt:</u>

‚Das Ganze ist mehr als die Summe seiner einzelnen Teile'!

Aristoteles

Denn die einfachen Übungsformen im Technik- sowie im Taktik-Training sind lediglich die elementaren, einzelnen Teile vom Ganzen!

Und nur durch das Überführen dieser einfachen Übungsformen in variable Spielformen und schließlich auch noch ins Spiel kann im Sinne eines methodischen Dreischrittes diese alles entscheidende, spielgemäße ‚funktionale Integration' zwecks Erweiterung der technisch-taktischen Kompetenz (= Verbesserung der Handlungsschnelligkeit) auch gelingen.

<u>Methodischer Dreischritt</u>: › Übungsform → › Spielform → › Wettspiel

‚Fußball spielend lernen!'

Die bei diesem Übungsprozess anzuwendenden Korrekturen sollten schließlich ebenso aus Zeitgründen die Lernprozesse beschleunigen und das geht am besten, wenn die Korrekturen grundsätzlich positiv sind und zudem so formuliert werden, dass möglichst der zu dem jeweiligen Kind passende Lernkanal (› visuell / › auditiv / › taktil-kinästhetisch) dem Trainer zum einen bekannt ist und zum anderen dann auch konsequent, also wiederholt genutzt wird!

Hat er diese Kenntnisse nicht, so braucht er - um ‚auf der sicheren Seite' zu sein - nur einen immer wiederkehrenden Technikfehler eines Spielers abwechselnd, also einmal visuell, dann auditiv und schließlich kinästhetisch, zu korrigieren und dabei genau zu beobachten, mit welcher dieser Korrekturen er offensichtlich das lernende bzw. übende Kind optimal erreicht; und diesen Lernkanal sollte er dann bei diesem Kind in Zukunft bevorzugt anwenden.

Nicht zuletzt setzt dieses Vorgehen auch ein gutes Technik-Fachwissen des Trainers voraus, damit er auch so oft wie möglich die jeweiligen Bewegungstechniken demonstrieren, aber auch die entsprechenden, optimalen Technik-Korrekturen jederzeit vornehmen kann.

Diese Korrekturen sind deswegen so wichtig, da das Gehirn keine Qualität einer Technik kennt, d.h. werden bestimmte Bewegungstechniken wiederholt fehlerhaft durchgeführt und dann nicht entsprechend vom Trainer korrigiert, dann wird das lernende Kind bzw. dessen Gehirn diese fehlerhaften Techniken im motorischen Kortex - das ist sozusagen unsere ‚Festplatte', auf der alle Bewegungsprogramme installiert werden - nachhaltig abspeichern.

Und diese fehlerhaften Bewegungstechniken sind später kaum oder nur noch mit einem sehr hohen Aufwand zu korrigieren!

Ich werde Ihnen einige wichtige, diesbezügliche Korrekturen und Umsetzungsmöglichkeiten in die Trainingspraxis als kleine Hilfestellung auf den nächsten drei Seiten als: ‚Hilfreiche Arbeitsmaterialien' zum Thema: ‚Fehlersehen und Korrekturen' für besagte drei Lernkanäle beispielhaft darstellen; diese Liste können Sie selbstverständlich jederzeit mit eigenen Ideen bzw. Korrekturen ergänzen, denn es gilt:

‚Nur kreative Trainer bilden auch kreative Spieler aus'…!'

3.2 Häufige Fehler und mögliche Korrekturen im Leistungstraining

Fehler beim Basisbaustein Nr.:	Situativ mögliche Korrektur des Trainers:
21 Fünf gegen Fünf	
Die V spielen nur auf einer Linie	(N) und (N'), schiebt euch (als V-Paar) weiter vor!
Die Ketten-Abstände sind zu klein	(N) und (N'), schiebt euch weiter vor!
Ein V attackiert viel zu spät	(N), ‚stoße' jetzt nach vorne und greife den A an!
22 Sechs gegen Sechs	
Die A machen das Spiel zu eng	(N), biete dich jetzt mal weiter außen an!
Die V rücken nicht oder zu spät ein	(N), rücke näher an (N') seitlich heran und hilf ihm!
Ein A läuft wiederholt ins Abseits	(N), laufe parallel zum 16er bevor du ‚steil gehst'!
23 Sieben gegen Sieben	
Ein V rückt zu spät hinten raus	(N), rück sofort mit unserem Steilpass hinten raus!
Die A spielen nur auf zwei Linien	(N), rücke als ‚Stoß-Stürmer' vor den 6er-Block!
Die V schlagen den Ball nach vorne	(N), spiele mit (N') über das ‚Dreieck' hinten raus!
24 Das Spiel im Zentrum	
Die V verschieben nur nacheinander	(N), schiebt jetzt alle (= zeitgleich) mit dem Pass!
Die V-Abstände ändern sich zu oft	(N), haltet immer eure Abstände in der ‚Kette' bei!
Ein zentraler V sichert schlecht ab	(N), rücke beim nächsten Flugball hinter (N') ein!
25 Das Spiel im seitlichen Korridor	
Zwei V spielen schlecht gestaffelt	(N) und (N'), schiebt euch ca. 5-10m weiter vor!
Der V-Block agiert zu tief im Raum	Jungs, schiebt euch alle im Block 20m weiter vor!
Die V bilden keinen ‚Halbmond'	(N), rück mehr seitlich hinter dem Nebenspieler ein!
26 Das Pressing	
Zu große V-Abstände zu den A	(N) und (N'), schiebt euch näher an eure Gegner!
Das Team verteidigt viel zu ‚tief'	Schiebt euch alle im Block 20m weiter nach vorne!
Das Team bekommt kaum ‚Zugriff'	Geht schneller und aggressiver in die Zweikämpfe!
27 Das Umschaltspiel (Off. / Def.)	
Zu spätes ‚Tiefen-Spiel'	(N), spiel nach deinem Ballgewinn sofort steil!
Keine ‚Kolbenstoß'-Bewegung	(N), attackiere jetzt sofort den (ballerhaltenden) A!
Die Außenspieler rücken zu spät ein	(N) und (N'), verdichtet jetzt schneller das Zentrum!
28 Die sichere Spieleröffnung	
Der V eröffnet nur in der Breite	(N), spiel jetzt steil durch den offenen Korridor!
Der V bleibt nach dem Pass stehen	(N), laufe jetzt deinem gespielten Pass hinterher!
Der V spielt ins verdichtete Zentrum	(N), eröffne mit (N') über die freie Außenposition!
29 Der kreative Spielaufbau	
Zu wenig Offensiv-Spiel der V	(N), schalte dich jetzt außen mit nach vorne ein!
Schlechter 1. Pass nach Ballgewinn	(N), spiel jetzt den sicheren Pass außen zu (N')!
Alle Mittelfeldspieler auf nur 1 Linie	(N), schieb du mit (N') 10m zentral weiter vor!
30 Der zielstrebige Angriff	
Der A flankt nur aus dem Halbfeld	(N), gehe jetzt steil und flank von der Grundlinie!
Die A laufen nur parallel in den 16er	(N / N'), kreuzt bei der nächsten Flanke in den 16er!
Ein A spielt nur (Quer-) Pässe	(N), geh jetzt mal ins 1 : 1 und schieße aufs Tor!

Wichtige Hinweise:

› Korrigieren Sie stets positiv und sagen Sie dem Spieler insofern sehr genau, was er tun soll!
› Arbeiten Sie ggf. auch mit organisatorischen Korrekturen (→ Feld größer oder kleiner etc.)
› Erklärungen: V = Verteidiger | A = Angreifer | (N) / (N') = Platzhalter für Spielernamen

3.3 Lernziele - Lerninhalte - Saisonplanung

Nach diesen sehr wichtigen pädagogischen Vorüberlegungen geht es nunmehr darum, die entsprechenden Lernziele zu formulieren, und die für das Erreichen dieser Lernziele optimal dazu passenden, altersgemäßen Inhalte sowie Methoden des Technik- und Taktiktrainings aller drei Ausbildungsphasen festzulegen sowie die Saison strukturell zu planen.

Dabei richtet sich der erfolgreiche Abschluss der Lernziele der jeweiligen Ausbildungsstufe des Rahmentrainingsplans Juniorenfußball immer nach dem Erreichen oder / und Verbessern der von mir vorgegebenen, altersgemäßen 30 Basisbausteine meines RTJ.

Eine in jeder Mannschaft durchzuführende Soll- und Ist-Analyse - zum Beispiel ein Techniktest sowie diverse Freundschaftsspiele gegen unterschiedlich starke Gegner in der Vorbereitungsphase zu Beginn der Saison - könnten dabei sodann die Grundlage für eine noch differenziertere, nur für die jeweilige Mannschaft erfolgende Saisonplanung bilden!

Diese Analysen / Tests sind aber vor allem für den erfahrenen Juniorentrainer, der zudem über eine entsprechende Lizenz als Juniorentrainer verfügt, nicht zwingend erforderlich, denn er erkennt erfahrungsbedingt schon sehr schnell die Fähigkeiten und Fertigkeiten seiner Spieler.

D.h. je nach eben bereits vorhandenen Fähigkeiten und Fertigkeiten, aber auch je nach noch vorhandenen Defiziten, erfolgt letztlich die Erstellung des groben Ausbildungszeitrahmens für die obligatorischen Ausbildungsschwerpunkte des RTJ sowie für die noch zu ergänzenden, defizitbedingten Ausbildungsschwerpunkte (→ Ergebnisse der Ist-Analyse bzw. Tests / s.o.).

Dieser jährliche Ausbildungszeitrahmen umfasst 40 Ausbildungswochen (→ fünf mal sieben = 35 Wochen für das Erarbeiten der jeweiligen, altersgemäßen 10 Basisbausteine sowie 5 Wochen zur freien Verfügung, vor allem aber für das ggf. noch erforderliche Vertiefen von Lerninhalten) sowie 12 Ferienwochen, also insgesamt genau die 52 Wochen eines Jahres.

So können zum Beispiel in besagten fünf x sieben Wochen (= 35 Wochen / s.o.) in den ersten 7 Wochen (= erster Ausbildungsblock) die Basisbausteine 1 und 2, in den zweiten 7 Wochen (= zweiter Ausbildungsblock) die Basisbausteine 3 und 4 und sodann in den dritten 7 Wochen (= dritter Ausbildungsblock) die Basisbausteine 5 und 6 usw. einer Ausbildungsphase, also im Grundlagen-, Aufbau- und Leistungstraining, erarbeitet werden.

Insofern richtet sich dieser jährliche Ausbildungszeitrahmen sinnvollerweise in erster Linie nach den in den Bundesländern typischen Schulferien sowie nach den bereits mehrfach erwähnten, und für das nachhaltige Lernen im Sinne von: ‚ein Leben lang Festigen' so wichtigen, sieben Wochen dauernden Lernzyklen.

Denn sowohl die für das Bewegungslernen so elementaren, nachhaltigen neurologischen Anpassungen im Gehirn (= Festplatte im motorischen Kortex / s.o.) als auch die nachhaltigen metabolischen Anpassungen (= Stoffwechsel: u.a. Vergrößerung der Glykogen-Speicher) erfolgen oftmals erst in einem Zeitraum von ca. 6 bis 8 Wochen (= 1 Makrozyklus)!

Und durch die besagten, zusätzlichen fünf Ausbildungswochen (= 35 Ausbildungswochen plus 5 Wochen variabler Zeitpuffer / s.o.) bleibt dem Trainer also immer auch ein zeitlicher, situationsabhängiger Ermessensspielraum, u.a. zur Wiederholung oder / und zur Vertiefung von noch nicht so gut verstandenen und technisch-taktisch beherrschten Lerninhalten.

<u>Lernziele für das Leistungstraining zur Verbesserung der Technik und der Taktik</u>

› Verbessern und Festigen der technischen Fertigkeiten beim sichern, schnellen und vor allem aber ‚druckvollen' Pass- und Positionsspiel; zunächst mittels einfacher Ü-Formen ohne und schließlich mittels variantenreicher Spielformen mit Gegenspieler, also unter dann sehr hohem Zeit-, Raum- sowie Gegner-Druck durch ein kreatives Positionsspiel!

› Verbessern und Festigen des richtigen Timings der Auftaktbewegung und des Zuspiels zwecks Sicherung des Ballbesitzes im Positionsspiel und zwecks Erarbeitung von Torchancen unter noch höherem Druck (→ u.a. kurzer / langer ‚Packing'-Pass)

› Verbessern und Festigen des Spiels mit der Vierer- und Dreierabwehrkette sowie weiterer klein- und großgruppentaktischer Maßnahmen zwecks Erweiterung der taktischen Kompetenz (→ Antizipations- und Wahrnehmungsschnelligkeit) wie zum Beispiel das ‚Schieben und Pressen' im Raum / das Spielen ‚auf einer Linie' / etc.

› Erhalt der fußballspezifischen Antrittsschnelligkeit über die gesamte Spielzeit durch ein regelmäßiges, fußballspezifisches alaktazides, anaerobes Schnelligkeitstraining mittels einfacher Ü-formen, sowie die Schnellkraft schulender Übungen mit und ohne Ball

› Erhalt der fußballspezifischen Schnelligkeitsausdauer über die ganze Spielzeit durch ein regelmäßiges, fußballspezifisches laktazides, anaerobes Schnelligkeitsausdauertraining in einfachen Spielformen (‚4 gegen 4', ‚5 gegen 5' etc.) per intensiver Intervallmethode, d.h. es kommt zur ‚lohnenden Pause', nicht aber zur vollständigen Erholung!

› Erhalt der schnellen Erholungsfähigkeit nach intensiven intervallartigen Belastungen im Spiel durch ein regelmäßiges, saisonbegleitendes Training der Grundlagenausdauer im Bereich der aeroben Lipolyse / Glykolyse zum schnelleren Wiederauffüllen der muskulären Kurzzeitspeicher Adenosintriphosphat (ATP) und Kreatinphosphat (KrP)

Methoden / Prinzipien zur Verbesserung der Technik und der Taktik im Leistungstraining

› Vorwiegend induktives Coaching (→ Lernen durch Einsicht / Führen durch Fragen) zur Schulung von mehr Kreativität, Verantwortungs- und Selbstbewusstsein der Spieler, das heißt der Trainer hilft nur noch durch (s)ein zielführendes ‚moderierendes Coaching'

› Nach intensiven, stark belastenden Trainingseinheiten sowie nach dem Spiel gezielt ca. 10-15min mit einem leicht erhöhten Ruhepuls (→ ca. 80-120 Schläge / min) auslaufen

› Kein Streching mehr an das regenerative Auslaufen anschließen, aber ein regelmäßiges Stretching- sowie CORE-Programm der Hüft- / Becken-Region in Form von kurzen Hausaufgaben (15min) zum Erhalt der gelenkmäßigen Beweglichkeit und Belastbarkeit Durchführen nach dem Prinzip: 1 Stabilität → 2 Mobilität → 3 Dynamik

› Nur bei Bedarf bzw. auf Wunsch (!) diverse Entspannungstechniken zur Downregulation erlernen und regelmäßig zur besseren psychischen (Wettkampf-) Regulation einsetzen

4 Das Basisbausteine-Prinzip

Das von mir entwickelte Basisbausteine-Prinzip mit seinen altersgemäßen Basisübungen ist keine beliebig austauschbare Übungssammlung und sollte so auch nicht verstanden werden; d.h. mein Bestreben war es, Ihnen mit jedem Basisbaustein das dem jeweiligen Basisbaustein zugrunde liegende, technisch-taktische Prinzip anhand nur *einer* Basisübung zu vermitteln, damit Sie danach ebenso selbstständig in der Lage sind, auf der Basis jeder jeweiligen, von mir dargestellten Basisübung x- beliebig viele eigene Übungen zu entwickeln.

Insofern dürfte selbstverständlich klar sein, dass ich die jeweiligen Prinzipien der einzelnen Basisbausteine auch mit anderen Basisübungen hätte erklären können - die von mir gewählten Basisübungen sind diesbezüglich also sehr wohl austauschbar - aber die den austauschbaren Basisübungen zugrunde liegenden Prinzipien sind es eben nicht!

In diesem Sinne können Sie zum Beispiel das von mir anhand meines Basisbausteins 14 vorgestellte Prinzip des ‚Hinterlaufens', und auch alle anderen Prinzipien, ebenso mit einer anderen Übung an einem anderen Ort - zum Beispiel nicht wie von mir gewählt am Flügel, sondern im Zentrum des Spielfeldes - durchführen, und nur darum geht es; das ändert aber nichts an der Einmaligkeit des Prinzips, denn sonst wäre es ja auch keines!

Insofern ist mein Basisbausteine-Prinzip ein Rahmentrainingsplan für den Juniorenfußball, der die elementaren, technisch-taktischen Prinzipien des Fußballs in Form von meinen 30 Basisbausteinen mit den dazugehörigen, jederzeit altersgemäßen Trainingsformen vermittelt.

‚A goal without a plan is just a wish…!'

Diese Trainingsformen bestehen zum einen im Grundlagen- sowie auch im Aufbaualter jeweils aus 10 isolierten › Übungsformen (= Basisübungen) mit den jeweils dazu passenden, 10 altersgemäßen, komplexen › Spielformen.

Und zum anderen im Leistungsalter aber nur noch aus 10 komplexen Spielformen, da diese ausschließlich mannschaftstaktischen Schwerpunkte des Leistungstrainings lediglich anhand kreativer, variabler Spielformen zielführend und auch zeitgemäß vermittelt werden können!

5 Das Technik- und Taktiktraining

Die Handlungsschnelligkeit im Juniorentraining:

Im Juniorentraining richtet sich die Technik- und Taktik-Ausbildung nach den in den jeweiligen Altersstufen erforderlichen, wesentlichen Entwicklungen der fußballspezifischen Handlungsschnelligkeit, die wiederum abhängig sind von den individuellen, altersgemäßen physischen und psychischen Entwicklungen eines jeden einzelnen Juniorenspielers.

D.h. die optimale Entwicklung einer altersspezifischen Handlungsschnelligkeit muss zu jeder Zeit das Ziel der Ausbildung sein, wodurch sich konsequenterweise in den einzelnen Altersstufen unterschiedliche technisch-taktische sowie des Weiteren auch unterschiedliche athletische Inhalte ergeben; auf letztere werde ich in diesem Buch aber nicht näher eingehen.

Ich möchte Ihnen nunmehr die zu den entsprechenden Altersstufen relevanten Inhalte und Methoden des fußballspezifischen Technik- und Taktiktrainings erläutern und anhand der entsprechenden praktischen Basisübungen / Spielformen skizzieren (→ 30 Basisbausteine).

5.1 Das Techniktraining im Leistungstrainingsalter

Die Handlungsschnelligkeit im Leistungstrainingsalter (B- / A-Junioren):

Mit dem Beginn des Leistungstrainings erreicht die nunmehr stattfindende Ausbildung der fußballspezifischen Handlungsschnelligkeit ihre letzte Phase, das heißt es kommt im Training wie im Spiel zu hohen bis zu maximalen Belastungen für die B- und A-Juniorenspieler!

Denn mit dem Beginn des Leistungstrainings kommt auch jeder Spieler zunehmend in die späte pubertäre Entwicklungsphase (= Adoleszenz) mit den entsprechend nun abschließend stattfindenden, psycho-physischen Anpassungen; sprich der Spieler wird aufgrund der sich stabilisierenden Physis - aber auch der sich stabilisierenden Psyche - deutlich belastbarer.

Somit gilt es, aufbauend auf die elementaren Ausbildungsinhalte des Grundlagen- sowie aufbauend auf die weiterführenden Ausbildungsinhalte des Aufbautrainings, die technischen Fertigkeiten sowie taktischen und athletischen Fähigkeiten im Leistungstraining auf ein noch höheres Niveau hin zu entwickeln, um den so schwierigen Wechsel in den Seniorenfußball physisch wie psychisch wünschenswerterweise problemlos meistern zu können.

Insofern müssen im Leistungstraining - wie bereits zuvor auch - alle Komponenten der fußballspezifischen Handlungsschnelligkeit: 1. die Technik, 2. die Taktik, 3. die Athletik und nicht zuletzt auch 4. die Mentalität des Spielers abschließend ausgebildet werden.

Allerdings sollte der Trainer wissen, dass es in diesem Alter - besonders im Techniktraining - primär nicht mehr um das zuvor im Grundlagen- und Aufbautraining erfolgte Neulernen, Festigen und Automatisieren von Schuss-, Pass- und Dribbeltechniken geht.

Sondern es geht ‚nur' noch um deren <u>Erhalt und um das jederzeit situativ korrekte Anwenden</u> dieser zuvor automatisierten Techniken, und zwar im Kontext der sich dem Spieler jeweils neu stellenden Spielsituation (= noch druckvolleres und genaueres Passen im Positionsspiel).

Denn die deutlich besseren athletischen Fähigkeiten mit besseren Schnelligkeitsausdauer- und besseren Antrittsschnelligkeitsleistungen erfordern logischerweise auch eine druckvollere und noch genauere Passtechnik seitens der Spieler.

Nur so kann man verhindern, dass durch das sehr schnelle Sprinttempo beim gegnerischen Anlaufen und Attackieren des eigenen, ballerhaltenen Spielers im Positionsspiel durch diesen möglichst nicht das Risiko des schnellen Ballverlustes eingegangen werden muss.

Denn durch die engeren Räume kommt es verständlicherweise auch zu kürzeren Lauf- bzw. Sprintwegen für die verteidigende Mannschaft, was die ballbesitzende Mannschaft durch ein noch schnelleres und ebenso druckvolleres Pass- bzw. Positionsspiel kompensieren muss!

D.h. wenn der Gegner schneller (= Zeit-Druck) und aggressiver (= Gegner-Druck) und auch noch durch ein gut organisiertes, den Raum fürs Handeln verkleinerndes Anlaufen - unter anderem bereits während des gespielten Passes per ‚Kolbenstoßbewegung' (= Raum-Druck) - attackiert, dann muss man zwingend auch noch schneller und härter passen!

Sprich den Ball noch schneller und härter weiterspielen, um überhaupt den Ballbesitz für das ballbesitzende Team im kreativen Positionsspiel über viele Spielstationen sichern zu können!

Ich habe Ihnen auf den nächsten zwei Seiten eine sehr schöne Übung zum harten und genauen Pass-Spiel aufgezeichnet (= ‚Holländer-Viereck' / Abb. 24) und noch eine Passfolgen-Übung zwecks effektivem Raumgewinn in der Tiefe des Feldes und in Kombination mit einem sodann abschließenden Torschuss hinzugefügt (Abb. 25a und 25b).

Bei der zweiten Übung (= ‚rollendes' Passspiel) entsteht der erzielte Raumgewinn aus einem kombinierten Pass-Spiel in der Tiefe mit einem dann jeweiligen ‚Klatschen lassen' des Balles durch den angespielten Spieler und dessen Abroll- bzw. Abkippbewegung mit folgendem Sprint in die Tiefe des Raumes in die nächste Position.

Dann spielt er selbst wieder einen Pass in die Tiefe oder aber er schießt als letzter Spieler in dieser Passfolgen-Kombination final aufs Tor (Abb. 25a).

Ich nenne diese Form des wiederholten Pass-Spiels in die Tiefe gerne ‚rollendes' (s.o.) bzw. ‚überholendes' Pass-Spiel, wobei diese beiden Begriffe in der Fachliteratur meines Wissens nicht üblich sind.

Der Sinn dieser Übung und ihrer anschließenden Umsetzung im Spiel ist es primär, den angespielten Spieler lediglich als ‚Wandspieler' zu benutzen, was unter anderem folgende Vorteile für das ballbesitzende bzw. für das angreifende Team hat:

Zum einen ‚befreie' ich den angespielten Spieler aus dieser für ihn misslichen Situation, da er den Ball ja direkt zum freien Mitspieler wieder klatschen lassen kann und deswegen nicht in der geschlossenen Ballannahme- und Ballmitnahme-Situation im direkten Zweikampf mit sehr hohem Zeit-, Gegner- und Raumdruck und auch noch mit dem Rücken zum gegnerischen Tor (= geschlossene Ballannahme-Position) den Ball behaupten muss.

Und zum anderen kann der angespielte Spieler nach seiner Freilauf- bzw. Vorbewegung sehr effektiv seinen Körper nämlich als Wand einsetzen, den zugespielten Ball klatschen lassen, um danach über seine rechte oder linke Schulter abzurollen bzw. abzukippen, um dann aber in der für ihn taktisch viel günstigeren Frontalposition in Bezug zum gegnerischen Tor (= offene Ballannahme-Position) in dessen Richtung zu sprinten, um nun das erneute Zuspiel in seinen Lauf durch den seinerseits nachgerückten Zuspieler erfolgreich zu verwerten.

Dieser Sprint in die Tiefe nach besagtem Abrollen / Abkippen um den direkten Gegenspieler herum kann aber alternativ auch diagonal erfolgen (siehe Abb. 25b), so dass der sprintende Spieler im Zweikampf sofort durch dieses geschickte Abrollen und dem daraufolgenden, diagonal gespielten Steilpass seinen Körper bereits während des Sprints zwischen sich bzw. zwischen den zu erlaufenden Ball und dem mitsprintenden Verteidiger bringen kann!

Bitte integrieren Sie diese für den in der geschlossenen Ball-Annahme- und Ball-Mitnahme-Position agierenden Stürmer so wichtige Abroll-Bewegung regelmäßig auch in Ihr kreatives Lauf-Koordinationstraining ohne den Ball, und beachten Sie dabei besonders das Technik-Training des Abrollens über beide Schultern bzw. über beide Seiten!

Denn Ihr Stürmer kann dadurch nämlich über beide Seiten abrollen und nicht wie ja sonst nur sehr limitiert immer nur über dieselbe Seite, sprich über seine ‚Schokoladenseite', da das Abrollen über die andere Seite im Grundlagentraining bedauerlicherweise nie geübt wurde… (→ ‚Was Hänschen nicht lernt, lernt Hans nimmermehr!').

Passen

Das ‚Holländer-Viereck'

Ziel:
› Verbessern und Automatisieren des harten und genauen Pass-Spiels

Ablauf:
› 12 Spieler befinden sich jeweils zu dritt an einer Pylone (= Vier Dreier-Gruppen), wobei ein Spieler (rot) einer Gruppe an einer der vier Pylonen mit der Pass-Übung beginnt (= Skizze) und zum nächsten roten Spieler der nächsten zweiten Dreier-Gruppe passt; die gerade nicht aktiven Spieler (blau) lassen für die Pass-Übung ausreichend Abstand zur Pylone.
› Der Zuspieler passt nach kurzem Blickkontakt und deutlich erkennbarer Auftaktbewegung (= der Mitspieler dreht seine Becken- und Schulterachse, schaut dabei aber immer zum Zuspieler, der Kopf wird also nicht mitgedreht) zu diesem gegen den Uhrzeiger-Sinn an der nächsten Pylone postierten Mitspieler, welcher zuvor mit einem kurzen Antritt zwei drei kurze schnelle Schritte weg vom Zuspieler macht, um dann wieder kurz zum Zuspiel zu ihm zu sprinten
› Genau in diesem Moment erfolgt der harte und genaue Pass in den Fuß des Mitspielers, der den Ball mit einer halben Drehung um seine Körperlängsachse an- und mitnimmt, um dann im Tempo um die Pylone herum zu dribbeln und nun seinerseits einen Pass zum bereits jetzt mit einer Auftaktbewegung sich freilaufenden roten Mitspieler zu spielen etc.
› Der Zuspieler wechselt nach seinem Pass zum nächsten Hütchen in der nächsten Gruppe etc.

Variationen / Coaching-Hinweise:
› Die Übung wird mit zwei Bällen gespielt (= kürzere Wartezeiten an den Pylonen, und dadurch aber auch mehr Zeit- und Konzentrationsdruck für die agierenden Spieler)
› Die Übung wird im Uhrzeiger-Sinn durchgeführt
› Die Pässe werden nur mit dem ‚schwächeren' Fuß gespielt
› Der angespielte Mitspieler lässt als Wandspieler den Ball nach seiner Auftaktbewegung über seine linke Schulter nur kurz zum im Sprint nachrückenden Zuspieler zurück klatschen, rollt um den passiven Gegenspieler (= rot) über die rechte Schulter ab, sprintet dann sofort diagonal in Richtung der nächsten Pylone (= blauer Pfeil), um schließlich den zweiten jetzt aber nur kurz nach links in seinen Lauf gespielten Diagonal-Pass (= roter Pfeil) an- und mitzunehmen, um die Aktion wiederum mit seinem Zuspiel zu dem sich freilaufenden Mitspieler an der nächsten Pylone fortzusetzen etc. (= untere Skizze)
› Diese zweite Übung wird nur im Direktpass-Spiel durchgeführt (= sehr ‚hohe Schule'…)
› Diese einfach aussehende Pass-Übung erfordert von allen Spielern eine sehr hohe Konzentration, da die Pässe hart und genau in den Fuß gespielt werden müssen und ein genaues Timing: Blickkontakt → Auftaktbewegung → Pass… für das Gelingen der Übung wichtig ist; denn nur ein Fehlpass beendet sofort die Übung = Ballverlust im Spiel

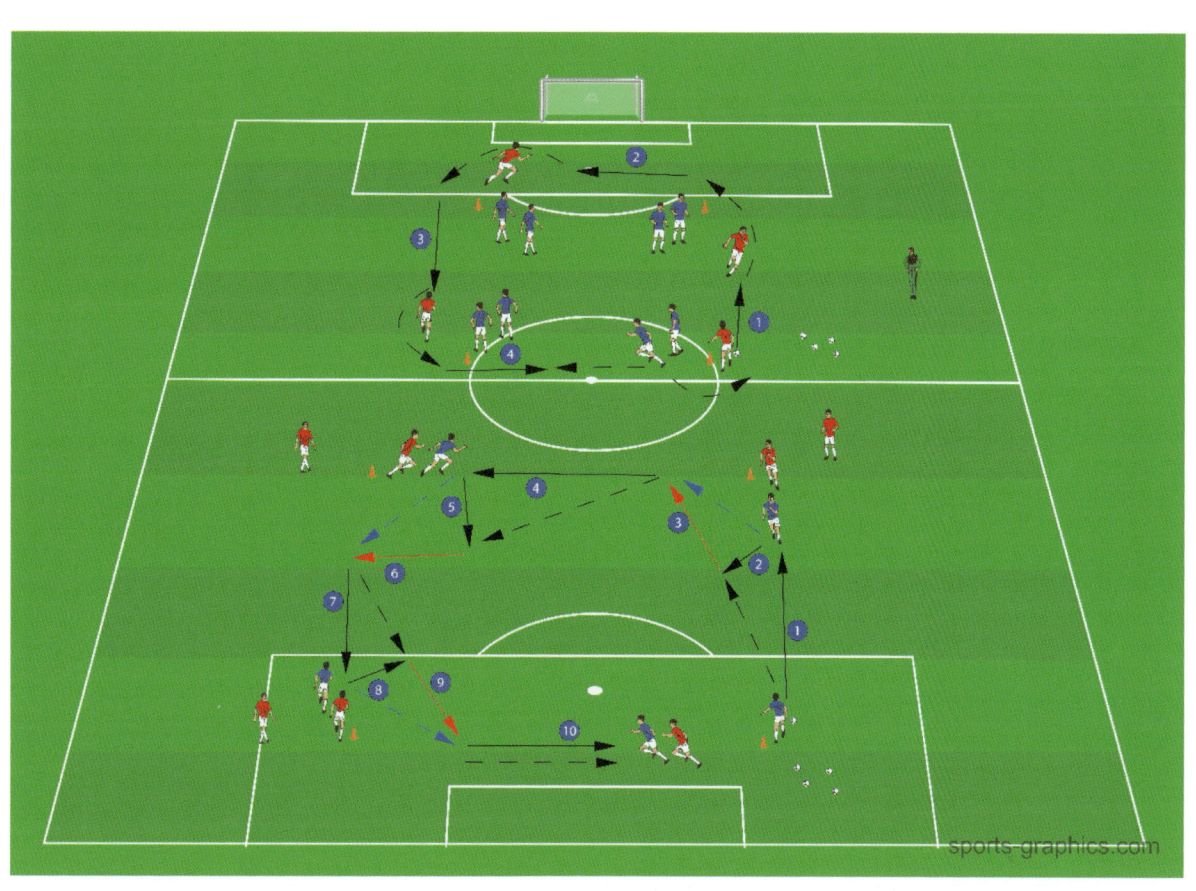

Abb. 2: Einfache Passfolgen im Leistungsalter - Übung 1

Passen

Das ‚rollende' Pass-Spiel in der Tiefe des Feldes

Ziel:
› Verbessern und Automatisieren des ‚rollenden' Pass-Spiels durch das ‚Klatschen lassen'

Ablauf:
› Zwei 7er-Gruppen üben im verlängerten 16er (siehe Skizze) jeweils rechts und links im Feld das Pass-Spiel, wobei jeweils 4 Spieler jeder Gruppe die 4 gelben Hütchen besetzen, die anderen 3 Spieler pausieren und ein Torwart im Großfeld-Tor steht
› 1 Spieler jeder Gruppe beginnt mit einem Pass die Pass-Übung an der Mittellinie
› Der Zuspieler passt nach kurzem Blickkontakt und deutlich erkennbarer Auftaktbewegung (= der Mitspieler dreht seine Becken- und Schulterachse, schaut dabei aber immer zum Zuspieler, der Kopf wird also nicht mitgedreht) zu diesem am nächsten Hütchen postierten Mitspieler, welcher mit einem kurzen Antritt zwei drei kurze schnelle Schritte weg vom Zuspieler macht, um dann wiederum kurz zum Zuspiel zu ihm zu sprinten
› Genau in diesem Moment erfolgt der harte und genaue Pass in den Fuß des Mitspielers, der den Ball als Wandspieler zum im Sprint nachgerückten Zuspieler zurück klatschen lasst, (= roter Pfeil), der Wandspieler rollt sodann über seine rechte Schulter um das gelbe Hütchen (= ‚simulierter' Gegenspieler) ab, sprintet sofort steil in Richtung des nächsten gelben Hütchens (= blauer Pfeil), um schließlich den nächsten, diagonal auf ihn nur kurz in seinen Lauf gespielten Pass (= roter Pfeil) an- und mitzunehmen, um die Aktion wiederum mit seinem Zuspiel zu dem sich freilaufenden Mitspieler am nächsten Hütchen fortzusetzen; danach besetzt er das frei gewordene gelbe Hütchen des zuvor von ihm angespielten Partners; der Spieler, der den letzten Pass in die Tiefe gespielt hat, beendet die Übung mit einem Torschuss; sein zuletzt angespielter Partner holt den Ball und trabt anschließend mit dem Ball langsam zurück zur Mittellinie, um sich wieder anzustellen etc. (= beide Skizzen)
› Nun beginnt die Übung von Neuem mit dem ersten Pass vom Zuspieler an der Mittellinie

Variationen / Coaching-Hinweise:
› Die Übung beginnt bereits erneut mit dem ersten Pass an der Mittellinie, wenn der dritte Spieler in der Passfolge angespielt wurde (= kürzere Wartezeiten an den Hütchen, und so aber auch mehr Zeit- und Konzentrationsdruck für die agierenden Spieler und den Torwart)
› Die Übung wird mit einem Diagonal-Pass und Torschuss beendet (siehe zweite Skizze)
› Die Pass-Übung wird nur im Direktpass-Spiel durchgeführt (= sehr hoher Anspruch)
› Diese einfach aussehende Pass-Übung erfordert von allen eine sehr hohe Konzentration, da die Pässe hart und genau in den Fuß gespielt werden müssen und ein genaues Timing: Blickkontakt → Auftaktbewegung → Pass… für das Gelingen der Übung wichtig ist; denn nur <u>ein</u> Fehlpass beendet sofort die Übung = Ballverlust im Spiel

Abb. 3a: Einfache Passfolgen im Leistungsalter - Übung 2

Abb. 3b: Einfache Passfolgen im Leistungsalter - Übung 3

5.2 Das Taktiktraining im Leistungstrainingsalter

Die im Grundlagenalter erlernten, individuellen technischen Fertigkeiten und allgemeinen koordinativen Fähigkeiten sowie die im Aufbautraining automatisierten fußballspezifischen Techniken und koordinativen sowie individuellen und kleingruppentaktischen Fähigkeiten bilden nunmehr die Basis für die abschließende Ausbildung im Leistungstraining.

Und zwar von sowohl anspruchsvolleren technischen Pass-Fertigkeiten (= Kombinations- / Positionsspiel / s.o.) als auch für die jedoch nur ausbildungsbegleitende Schulung besserer athletischer sowie anhand der zu vermittelnden Basisbausteine 21 bis 30 besonders auch von besseren situativ variablen, mannschaftstaktischen Fähigkeiten (= Schwarmintelligenz / s.u.).

So erfolgen Systemänderungen einer Mannschaft im unterklassigen Junioren- und wie auch Amateurfußball zwar zumeist nur von Spiel zu Spiel (→ Heimspiel bei sehr vielen Teams oft noch eher offensives und Auswärtsspiel eher defensives Spielsystem bzw. Spielanlage).

Aber vor allem im heutigen Profifußball spielortunabhängig zunehmend auch situativ bedingt schon während eines Spiels, was verständlicherweise nicht nur eine hohe Spielintelligenz bei jedem einzelnen Spieler, sondern zwingend auch eine hohe Klein- und Großgruppen- bis hin zur Teamintelligenz erfordert; insofern könnte man in diesem Fall - wie im Tierreich - von einer ‚Schwarmintelligenz' sprechen.

So kennt zum Beispiel jede einzelne Biene ihre Basisaufgabe im Bienenstaat, und trotz ihrer enormen Emsigkeit und trotz des hohen Flugbetriebs in der Luft kommt es im Bienenstaat wegen der sehr klug abgestimmten Flugwege und aufgrund eben dieser Schwarmintelligenz meines Wissens nie zu einem Zusammenstoß einzelner Bienen in der Luft…

Denn das für den Beobachter vermeintliche Chaos ist tatsächlich jedoch ein hoch komplexes, gut organisiertes und im Detail aufeinander abgestimmtes Gruppenhandeln, welches zudem ganz bestimmten, logistischen Gesetzmäßigkeiten folgt und auch nur so funktionieren kann.

Wie zum Beispiel im kreativen Offensivspiel, indem ja auch durch oftmals überraschende Positionswechsel innerhalb der angreifenden Mannschaft der Gegner immer wieder vor schwer lösbare, weil komplexe Defensivaufgaben gestellt wird und besagte Positionswechsel mal spontan, im Sinne von kreativ und positiv-chaotisch oder aufgrund der zuvor im Training einstudierten Spielzüge ablaufen und letztlich sehr oft auch Torchancen kreieren.

Deshalb gilt es jetzt zunehmend diese Klein- und Großgruppen- sowie Teamintelligenz zu verbessern, damit sie auch zum Ende der 12-jährigen Ausbildung im letzten A-Juniorenjahr, sozusagen ‚auf dem Sprung' zum Seniorenspieler, im Spiel situativ variabel den jeweiligen ligagemäßen Anforderungen entsprechend angewandt werden kann.

Somit reicht es zum Beispiel eben nicht aus, als gerade verteidigende Mannschaft immer nur im Block in Passrichtung des Gegners zu verschieben, ohne den jeweils ballerhaltenden Gegenspieler auch sofort per Kolbenstoßbewegung unter Zeit- und Gegnerdruck zu setzen.!

Und zwar zum einen durch ein aggressives Anlaufen durch den in der jeweiligen Zone ballnahen, direkten Verteidiger sowie zum anderen durch ein zeitgleiches, sehr geschicktes, aggressives Nachrücken der anderen, ballnahen Verteidiger (→ Ausnahme: Unterzahlspiel).

Diese Kolbenstoßbewegung (= schnellstmögliches aggressives Anlaufen und Attackieren des ballführenden bzw. des ballerhaltenden Gegenspielers) muss aber situativ Sinn ergeben und mit den Mitspielern in der jeweiligen Zone abgestimmt erfolgen, denn sonst ist es nämlich nur ein wenig Erfolg versprechendes, individuelles Anrennen nur eines einzelnen Spielers!

Diese allerdings im Aufbautrainingsalter zunächst nur in diversen kleingruppentaktischen Übungen (= Eins gegen Eins bis zum: Vier gegen Vier) sowie durch die Bewegungsschemata eingeführte und sodann gut geschulte Kolbenstoßbewegung wird im nunmehr erfolgenden Leistungstraining in zunehmend großgruppentaktische Maßnahmen sinnvoll eingebunden.

Und nur durch dieses zeitgleiche aktive, positiv-aggressive Verteidigen / Anlaufen aller Spieler gegen den Ball kann das gegnerische Kombinationsspiel oder gar ein für meine Abwehr gefährlicher Steil- bzw. Vertikalpass erfolgreich unterbunden werden, der ja bereits im Grundlagentraining in seiner einfachsten Form und sehr kindgemäß durch das: Vier gegen Zwei eingeführt wurde (Basisbaustein 08: Vier gegen Zwei / ‚Auf Gasse laufen').

Im Grunde muss somit jeder gut ausgebildete Spieler in jeder Spielsituation am Ende seiner Ausbildung deswegen genau wissen, wohin er bei gegnerischem Ballbesitz zeitgleich mit seinen Mitspielern im Spielerblock mit den jeweils situativ sinnvollen Abständen zu laufen hat, und zwar egal, wo er und wo der Ball sich auf dem Spielfeld gerade befinden und egal, welche Basisaufgabe er im Team zu erfüllen hat (TW / Verteidiger / Mittelfeld / Stürmer).

Denn das nicht zuletzt vor dem Hintergrund der Tatsache, dass ein Spieler im Durchschnitt nur 1-2min den Ball im Spiel am Fuß hat (Ausnahme: Torwart) und die restliche Spielzeit ohne den Ball abgestimmt mit seinen Mitspielern - offensiv wie defensiv - agieren muss!

Die erworbenen taktisch-kognitiven Grundlagen des Aufbautrainings - hier vor allem das Antizipationsvermögen - dienen im Leistungsalter demzufolge ‚lediglich' dazu, komplexere taktische Aufgabenstellungen als gut funktionierender Team-Player erfolgreich zu meistern.

<u>Zitat von Ernst Happel, der schon verstorbenen Trainerlegende:</u>

‚Jeder Spieler kann machen, was er will, es muss nur zum Wohle der Mannschaft sein…'!

Das Ziel der Ausbildung jedes Spielers im Leistungstraining muss es dementsprechend sein, in der Großgruppe und im jeweiligen Mannschaftsteil (= Abwehr / Mittelfeld / Angriff) sehr vielfältige taktische Aufgabenstellungen situativ möglichst kreativ und variabel sowie vor allem aber auch erfolgreich als Team-Player zu lösen:

› schnelles und druckvolles, aber sicheres <u>Positions- bzw. Kombinationsspiel</u> aus der Abwehr
› schnelle <u>Umschaltspiel</u> nach Ballgewinn: zum Beispiel erster (‚Signal'-) Pass in die Tiefe
› Kombinationsspiel über den Flügel
› nach dem Kommando eines Führungsspielers - d.h. dieser attackiert in seiner Zone per Kolbenstoßbewegung seinen ballerhaltenden Gegenspieler - zeitgleich und in sinnvollen Abständen zueinander das <u>Pressing</u> durchführen, und zwar durch ein Nachrücken der gesamten Mannschaft, vor allem aber der verteidigenden Spieler in der ballnahen Zone
› etc.

Eine gute, kreative Taktik ist nicht das Ziel, sondern sie ist der Weg!

Im Leistungstraining geht es folgerichtig ‚nur' noch darum, die Kleingruppenkenntnisse aus dem Aufbautraining im letzten Schritt - d.h. auf der strategisch-taktisch höchsten Stufe der Ausbildung - zunächst in Großgruppen bzw. in den Mannschaftsteilen: Abwehr / Mittelfeld / Angriff und in den jeweils taktisch relevanten Zonen mittels vielfältiger Spielformen zu trainieren, um diese sodann abschließend auch möglichst handlungsschnell zu automatisieren.

Somit ist dieser letzte Schritt der taktisch hohen Schule das situativ sinnvolle Verknüpfen der einzelnen Mannschaftsteile mit den jeweiligen Basis-Aufgaben in den spezifischen Zonen!

Denn erst eine gute horizontale wie vertikale Raumaufteilung im Spieler-Block mit überall sinnvollen Abständen der Spieler untereinander in der Offensive wie in der Defensive sowie mit ebenso taktisch klugen horizontalen, vertikalen und diagonalen Laufwegen im Offensiv- sowie im Defensivspiel ermöglicht jederzeit und überall das situativ taktisch kluge Umsetzen einer teamgemäßen, erfolgreichen Handlungsschnelligkeit im Sinne der Schwarmintelligenz!

D. h. bei all diesen Trainings- und Spielformen ist es hinsichtlich einer kreativen und klugen Team-Taktik somit unerlässlich, defensiv überall - besonders aber in unmittelbarer Nähe des Balles - die Räume geschickt zu verdichten (= eng stehen und situativ schnell verschieben) sowie offensiv Räume durch sehr schlaue Laufwege zu öffnen (= ‚einen Mann binden und so einen Raum öffnen' und das Spiel breit machen)!

Auf diese Art und Weise wird nunmehr der Kreis der zwölfjährigen technisch-taktischen Ausbildung geschlossen.

Und aus den einzelnen Mosaiksteinen - u.a. besagte individuelle Technik-Ausbildung im Grundlagenalter sowie die individuelle und Kleingruppentaktik-Ausbildung im Aufbaualter - wird letztlich mit dem Abschluss der Ausbildung im Leistungstraining das komplette Mosaik bzw. das ‚Große Ganze' nunmehr fertiggestellt!

Aber es gilt trotzdem:

‚Das Ganze ist mehr als die Summe seiner einzelnen Teile!'
Aristoteles

Das geschieht ausschließlich anhand variabler Spielformen (= Basisbausteine 21 bis 30) zwecks Verbindens der unterschiedlichen Ketten und Zonen sowie anhand der gängigsten Taktik- (= Pressing und Umschaltspiel) und Spielsystem-Optionen (u.a.: 3:5:2 und 4:4:2).

Denn nur durch unterschiedliche Taktik- und Spielsystem-Optionen kann auch während des Spiels variabel auf den Spielstand sowie ebenso auf vom gegnerischen Trainer kurzfristig vorgenommene, taktische Veränderungen umgehend und zudem sehr wirkungsvoll - sprich erfolgversprechend - mit der eigenen Mannschaft jederzeit reagiert werden.

Die Umsetzung dieser Trainings-, Spiel- sowie Ausbildungsphilosophie ist jedoch ein sehr ambitionierter Anspruch, und zwar deswegen, da das Fußballspiel ja auch noch im Gegensatz zum Schachspiel jederzeit sehr dynamischen Abläufen unterliegt.

<u>Denn jeder Spieler muss sich mit jedem Pass taktisch neu im Raum orientieren</u> (!) und sich der durch den Pass neu entstandenen Situation entsprechend handlungsschnell ausrichten; und das aber immer wieder aufs Neue in Bezug zu Raum, Zeit, Mit- und Gegenspielern!

So kommt es im vor allem strategisch-taktisch ausgerichteten Training des Leistungsalters zwingend vermehrt zum großgruppen- und mannschaftstaktischen Anwendungstraining unter besonderer Berücksichtigung ganz bestimmter Zonen (= Zentrum / Flügel) sowie vor allem aber unter Berücksichtigung des richtigen Zeitpunktes (= Timing) der zum einen taktisch korrekten, und zum anderen auch sehr effektiven im Sinne von erfolgsversprechender Aktion.

‚Fußball spielend lernen!'

D.h. in den ersten 2 Ausbildungsstufen wurde der Fokus durch das Trainieren der technisch-taktischen Basisbausteine primär auf das: ‚Was' konkreter elementarer, technisch-taktischer Grundlagen gelegt (= Erlernen elementarer technisch-taktischer Werkzeuge).

Im Leistungsalter geht es abschließend vermehrt um das: ‚Wie', also um das situativ richtige und schnelle Anwenden der zuvor erlernten, vor allem taktisch umzusetzenden Maßnahmen in der Großgruppe.

Und zwar im Zentrum oder am Flügel sowie auch im Sturm, im Mittelfeld oder in der Abwehr bzw. im Block des gesamten Teams im Sinne der Schwarmintelligenz (= vor allem korrektes, aber auch handlungs<u>schnelles</u> Anwenden der erlernten technisch-taktischen Werkzeuge).

Somit wurden die technische Basisausbildung (<u>primär</u>: Grundlagentraining) und die taktische Basisausbildung (<u>primär</u>: Aufbautraining) mit dem Ende des Aufbautrainings abgeschlossen, und diese in 8 Jahren erlernten und perfektionierten 20 technisch-taktischen Basisbausteine stehen im Leistungsalter dem kreativ-strategisch agierenden Trainer - aber auch der Mannschaft - als situativ variable, technisch-taktische Werkzeuge nunmehr zur Verfügung.

D.h. der Trainer kann diese technisch-taktischen Fertigkeiten und Fähigkeiten auch bei der Planung und Durchführung seines vor allem taktisch sowie auch zwingend zunehmend athletisch ausgerichteten Trainings bei seinen Spielern als bekannt und gekonnt voraussetzen.

Ist dies, aus welchem Grund auch immer, jedoch nicht der Fall, müssen alle zuvor nicht erlernten, technisch-taktischen Basisbausteine im Rahmen der vorhandenen zeitlichen Möglichkeiten sowohl best-, als auch schnellstmöglich nachgeholt werden!

Somit müssen diese erst einmal zu Beginn des Trainings im Leistungsalter auch bei der Trainingsplanung berücksichtigt werden, bevor es mit dem ganz normalen, altersgemäßen Training des RTJ der B- und A-Junioren weitergehen kann (siehe unten: Soll-Ist-Analyse).

Denn ohne diese besagten elementaren, technisch-taktischen 20 Basisbausteine ist das handlungsschnelle Lösen einer auch noch taktisch komplexen sowie zumeist technisch sehr anspruchsvollen, weil oft im sehr engen Raum stattfindenden Spielaktion per se kaum zu bewerkstelligen, da dazu eben die besagten technisch-taktischen Voraussetzungen fehlen.

Und das Fehlen dieser taktischen Voraussetzungen endet dann im B- / A-Junioren-Training leider oft in einem verstärkten, für die Spieler jedoch oft demotivierenden Athletiktraining…

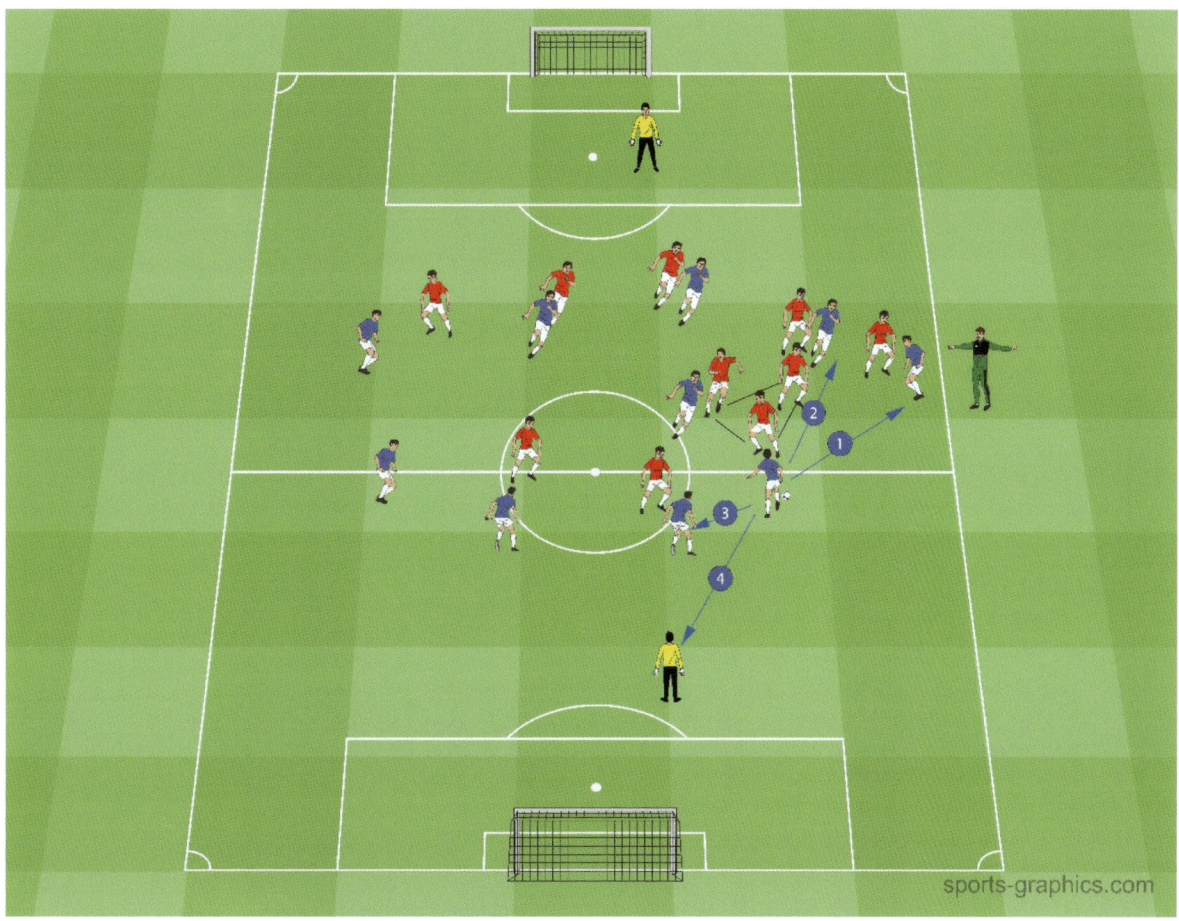

Abb. 4: Taktiksituation 1 im: Elf gegen Elf

So sollte u.a. das optimal abgestimmte, geschickte Anlaufen der verteidigenden Mannschaft und das damit beabsichtigte Lenken der gegnerischen, das Spiel eröffnenden Mannschaft zum Beispiel in einen zeitgleich zu verdichtenden, seitlichen (= am Flügel) ‚Korridor', als eine von vielen taktischen Optionen (= Basisbaustein 25) intensiv geübt werden.

Und zwar sowohl durch die bereits im Aufbautrainingsalter erlernte Kolbenstoßbewegung durch den in der jeweiligen Zone den ballführenden Angreifer umgehend attackierenden, ballnahen Gegenspieler, als auch von den zwei Gegenspielern, die das Verteidigungsdreieck vervollständigen.

Und zwar wenn der Angriff zentral oder wie auf der Abbildung 26 oben skizziert, in der Halbposition - also zwischen dem Zentrum und dem letzten äußeren Angreifer - erfolgt.

Wird jedoch besagter, äußerer Angreifer angespielt, so wird aus dem Verteidigungsdreieck lediglich ein situativ geschicktes Doppeln (Ausnahme: eigenes Unterzahlspiel), da ja in diesem Fall der zweite, das Verteidigungsdreieck komplettierende Verteidiger entfällt.

Denn er würde sich ja außerhalb des Spielfeldes befinden; wenn man so will, entsteht durch dieses geschickte Doppeln am Flügel quasi nur ein halbes Verteidigungsdreieck.

Ich habe Ihnen in Abb. 27 einmal so ein halbes Verteidigungsdreieck dargestellt, indem ich die Spielsituation auf der obigen Skizze um den Pass nach außen erweitert und den das Verteidigungsdreieck außen eigentlich komplettierenden Spieler gelb dargestellt habe.

Somit wird die Außenlinie des Spielfeldes - wenn man so will - zu einer willkommenen, taktischen Hilfestellung für den erst anlaufenden und dann attackierenden Verteidiger.

Beide taktischen Optionen (= Verteidigungsdreieck und Doppeln) erfolgen aber immer in der Kombination mit einem taktisch klug abgestimmten, d.h. <u>zeitgleichen Nachrücken der restlichen Mitspieler</u>, um so möglichst alle ballnahen Räume für die Angreifer jederzeit eng zu halten (siehe Abb. 26).

Insofern geht es also zunächst einmal darum, die bisherige Sichtweise der Spieler vom primär individuellen Handeln (= Grundlagentrainingsalter) sowie kleingruppentaktischen Handeln (= Aufbautrainingsalter) zunehmend auf das mannschaftstaktische Handeln zu lenken.

Und dies einerseits in einem längeren Prozess der von den Spielern selbst zu machenden Lernerfahrungen sowie andererseits auch mit einem helfenden, moderierenden Coaching des Trainers, aber nur dann, wenn es die Situation / der lernende Spieler oder auch die lernende Mannschaft - z. Bsp. aufgrund vermehrt falscher Laufwege - zwingend erfordert!

Die Kunst Ihres Coachings liegt also darin, auf der Basis der zu erlernenden, 10 taktischen Basisbausteine des Leistungsalters den taktischen Fehler des Einzelnen überhaupt zu erkennen (<u>zum Beispiel</u>: Abstand zum Mitspieler) und im Kontext der Spielsituation diesen Spieler oder auch die gesamte Mannschaft im Training zunächst selbstständig eine Problemlösung erarbeiten zu lassen (= Differentielles Lernen).

Und lediglich im Bedarfsfall sollten Sie als Trainer selbst Lösungsangebote machen, deren Effizienz jedoch Ihre Spieler beim Durchspielen der Lösungen eigenständig überprüfen sollten, um so die effektivste Lösung im Idealfall wiederum selbst herausfinden zu können.

Somit erfahren Ihre Spieler sofort, welche der von Ihnen angebotenen Lösungen für die aktuelle Spielsituation für Ihre Mannschaft die optimale ist (<u>zum Beispiel</u>: Rückpass zum ‚mitspielenden' Torwart).

Denn dieses Lehr- und Lernverhalten erhöht die Wahrscheinlichkeit für ein erfolgreiches - in diesem Fall aber eben mannschaftstaktisches - Lernen durch die kontinuierliche Verbesserung der taktischen Schwarmintelligenz mittels eines gemeinsamen, differentiellen Lernens.

Das jeweilige, entsprechend zielführende moderierende Coaching sind erstens das recht effektive ‚Einfrieren' und besprechen einer Spielsituation im Training oder zweitens auch das ‚Führen durch Fragen' bezüglich dieser jeweiligen Spielsituation im Training.

Zudem müssen das selbstverständlich auch das wiederholte Durchspielen einer Spielsituation zwecks positiver Verstärkung eines zuvor erfolgreichen Mannschaftshandelns oder / und auch eine hilfreiche, im konstruktiven Dialog mit den Spielern stattfindende Spielanalyse sein, so nach dem Motto:

‚Was haben wir im letzten Spiel gut gemacht, und was können und sollten wir im nächsten Spiel aber anders und somit optimalerweise noch besser machen'?!

‚Fußball spielend lernen!'

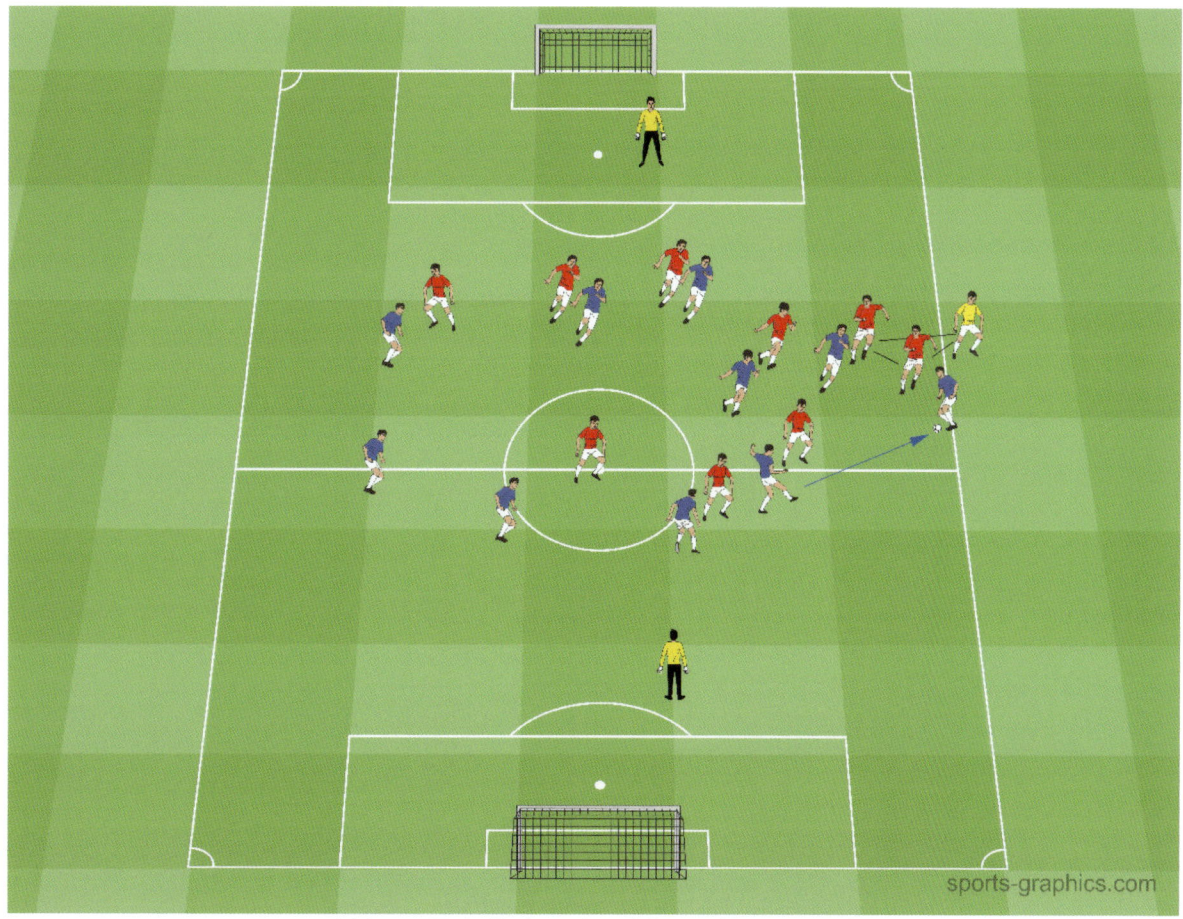

Abb. 5: Taktiksituation 2 im: Elf gegen Elf

So könnte der Trainer zum Beispiel folgende taktische Variante diskutieren und ausprobieren:

Das Spiel am Flügel nach innen lenken und zu zweit / dritt den Stürmer ‚sandwichen'; die Verteidiger sollen also bei dieser Variante ganz bewusst in der Flügelzone den zuvor angespielten Außenstürmer nach innen ins Zentrum lenken, um ihn dort zu zweit oder gar zu dritt - wie wir Fußballer sagen - erfolgreich ‚in die Zange' zu nehmen und so den Durchbruch dieses Stürmers über außen zu verhindern.

Denn sonst könnte dieser weiter in Richtung Grundlinie dribbeln und eine gefährliche Flanke oder einen Rückpass in den Rücken der gegnerischen Abwehr spielen.

Das heißt entgegen der im Aufbautraining vermittelten Individualtaktik, in der Außenposition als Verteidiger *grundsätzlich* im: Eins gegen Eins die innere Linie zuzustellen - um eben den Durchbruch des Stürmers ins Zentrum zu verhindern - wird von einigen Trainerkollegen im Leistungstraining aber ganz bewusst diese von mir kurz erläuterte taktische Variante gewählt.

Nämlich den Stürmer absichtlich - also entgegen besagtem Prinzip, die innere Linie und damit den kürzesten Weg zum Tor konsequent zuzustellen (= Basisbaustein 16 Bewegungsschema: Die ‚innere Linie') - von außen nach innen zu lenken.

Das kann man meines Erachtens aus taktischer Sicht durchaus machen, ich bevorzuge aber im Sinne der logischen Weiterentwicklung von der Individual- und Kleingruppen- hin zur Großgruppen- und Mannschaftstaktik auch im Leistungsalter das Zustellen der inneren Linie.

Ein weiterer Punkt muss an dieser Stelle aus taktischer Sicht aber noch erörtert werden:

Wenn ich im Leistungsalter das Großgruppen- oder gar das Mannschaftsspiel trainieren und verbessern möchte, dann sind mir in vielen Vereinen zahlenmäßig jedoch Grenzen gesetzt, da viele kleinere Vereine oft nur eine B- und auch nur eine A-Juniorenmannschaft haben, die zudem nur aus 13 bis 14, und nur in Ausnahmen aus 16 oder noch mehr Spielern besteht!

Insofern können diese Vereine mit mehr zur Verfügung stehenden Spielern selbstverständlich ihr mannschaftstaktisches Training auch bis zum: Neun gegen Neun, Zehn gegen Zehn sowie bis zum: Elf gegen Elf durchführen, da sie dafür genügend Spieler zur Verfügung haben.

Somit bleibt jedoch allen anderen Trainern oft nur das geschickte ‚Improvisieren', da sie ja aufgrund der nur eher kleinen Kadergröße bedauerlicherweise im Training nicht: Neun gegen Neun etc. spielen und deswegen auch nicht optimal mannschaftstaktisch coachen können.

Ich berücksichtige diesen für viele Trainer etwas misslichen Umstand in meinem RTJ dahingehend, dass ich den Aufbau des Spiel-Systems mit dem Basisbaustein 23 (= Sieben gegen Sieben) abschließe und auf den weiteren Aufbau bis zum: Elf gegen Elf verzichte!

Das ist meines Erachtens deswegen möglich, weil ein: Elf gegen Elf nur eine zahlenmäßige Weiterentwicklung der taktischen Basis-Prinzipien des: Eins gegen Eins bis zum: Vier gegen Vier ist, da eine Kette im Fußball in der Horizontalen in der Regel nur aus drei oder vier und nur in der Grundaufstellung (u.a.: 3:5:2 / s.o.) ausnahmsweise auch aus fünf Spielern besteht.

Aber genaugenommen agieren diese fünf Spieler niemals nur genau auf einer Linie, sondern sie agieren in der Tiefe immer etwas gestaffelt und in der Regel zumeist auf zwei Linien!

Deswegen reicht das Erlernen und Trainieren im Sinne von spielgemäß anwenden von Dreier- und Viererketten aus meiner Sicht auch vollkommen aus, vorausgesetzt dass man diese Ketten in der Ausbildung - wie bereits mehrfach erwähnt - in der Horizontalen und in der Vertikalen sinnvoll zonenspezifisch quasi miteinander ‚verschmelzt' im Sinne von verbindet (s.u.)!

Somit muss ich lediglich geschickt die mir zur Verfügung stehenden Spieler in den jeweiligen Zonen des Spielfeldes im: Fünf gegen Fünf und im: Sechs gegen Sechs sowie auch im: Sieben gegen Sieben ausbilden, und die auf diese Art erlernten großgruppentaktischen Maßnahmen schließlich ‚nur' noch im Wettspiel auf das: Elf gegen Elf zielführend übertragen.

Natürlich können Sie jederzeit auch weitere Spielsysteme (= 4:5:1- oder 3:4:3-System etc.) im Sinne variantenreicher Trainings- und Spielerfahrungen alternativ coachen bzw. ausprobieren.

Denn das Spielsystem, mit welchem Sie die erlernten, individual- (= Grundlagenalter), klein-gruppen- (= Aufbaualter) und großgruppen- bzw. mannschaftstaktischen (= Leistungsalter) Maßnahmen im Training und Wettkampf umsetzen, ist ja am Ende dieser konsequenten, inhaltlich-taktisch logisch aufeinander aufbauenden Ausbildung nach meinem RTJ egal.

Da nämlich die Aufstellung bzw. das von Ihnen gewählte, weil von Ihnen vielleicht eher bevorzugte Spielsystem in keiner Weise die allen Spielsystemen zugrunde liegenden, und durch den RTJ vermittelten, technisch-taktischen Prinzipien beeinflusst oder verändert!

Um meine obigen Gedankengänge nunmehr aus taktischer Sicht fortzusetzen, bieten Ihnen die Spielformen: Fünf gegen Fünf, Sechs gegen Sechs oder Sieben gegen Sieben unendlich viele Ausbildungsoptionen zum bereits oben erwähnten, vertikalen Verschmelzen der Ketten.

Man muss halt nur die Zusammenhänge der Entstehung dieses vertikalen Verschmelzens der einzelnen Ketten als konsequente Weiterentwicklung des horizontalen Verschmelzens einzelner Spieler verstehen!

Schauen Sie sich zum besseren Verständnis einmal folgende Grafik an, bestehend aus sowohl nebeneinander als auch aus übereinander angeordneten, unterschiedlich farbigen Würfeln bzw. Bausteinen (= ein <u>Modell</u> des im Juniorenbereich oft gespielten 4:4:2-Systems):

Wie Sie sicher schon vermutet haben, symbolisiert in obigem Modell jeder einzelne farbige Baustein hierbei einen Spieler in einer der beiden Vierer-Ketten (= rot und gelb) und in der Zweier-Kette (= blau), wobei die einzelnen Bausteine noch mit etwas Abstand jeder für sich übereinander und auch jeder für sich nebeneinander angeordnet sind.

Im Sinne dieses Modells könnte man sagen, das ist der Zustand Ihrer Mannschaft am Ende des individual-technischen Grundlagentrainings, d.h. jeder einzelne Baustein / Spieler liegt noch sehr isoliert von den anderen Bausteinen bzw. Spielern für sich und hat so kaum eine ‚taktische' Verbindung nach rechts oder links; und auch nicht nach oben oder unten.

Denn im Grundlagentraining ging es ja primär um die Individual-Technik (<u>wichtig</u>: es ist nur ein *Erklärungsmodell*, denn ich spiele in diesem Alter zumeist nur im: Sieben gegen Sieben).

Nun schauen Sie sich das gleiche Modell <u>am Ende</u> des individual- und kleingruppentaktischen Aufbautrainings mit diesen zwei Varianten an (= Grafik A sowie Grafik B):

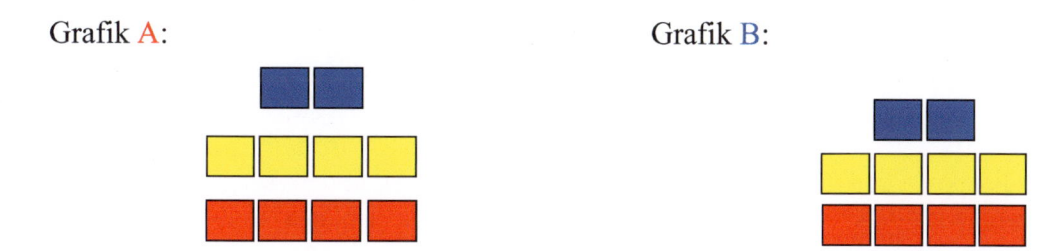

Grafik A: Grafik B:

Wie Sie sehen, kam es im Aufbautraining zu einer deutlichen seitlichen Annäherung der gleichfarbigen Bausteine durch das Erlernen der allgemeinen offensiven wie defensiven Bewegungsschemata im: Eins gegen Eins bis hin zum: Vier gegen Vier. Der senkrechte Abstand der waagerechten Baustein-Ketten ist aber nahezu noch unverändert (= Grafik A).

Oder aber es hat im Einzelfall aufgrund einer bereits jetzt schon sehr positiven, jedoch noch eher recht ‚dezenten' Entwicklung der mannschaftstaktischen Handlungsschnelligkeit Ihres Teams, sehr frühzeitig (= Aufbautrainingsalter) durchaus schon in der Vertikalen eine kleine taktische Annäherung der waagerechten Baustein-Ketten stattgefunden (= Grafik B).

Aber erst am Ende dieses Entwicklungsprozesses kommt es schließlich zur kompletten horizontalen wie auch vertikalen Verschmelzung der einzelnen farbigen Mannschaftsteile.

Und zwar ausgedrückt durch die komplette Annäherung der waagerechten und senkrechten Baustein-Ketten, hin zum angestrebten Spieler-Block - siehe nächste Grafik - durch das Training im Leistungsalter der B- und A-Junioren (→ Entwicklung der Schwarmintelligenz)

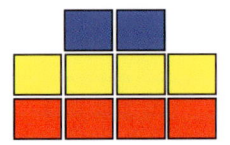

Das heißt, das im Leistungstraining vor allem in Spielformen stattfindende, <u>strategische Coaching</u> Ihres Teams - und zwar egal wie viele Spieler Sie in Ihrer Mannschaft ausbilden - sorgt im Sinne der oben angesprochenen Schwarmintelligenz für den erfolgreichen Abschluss der mannschaftstaktischen Spieler-Ausbildung im kompletten 11er Spieler-Block!

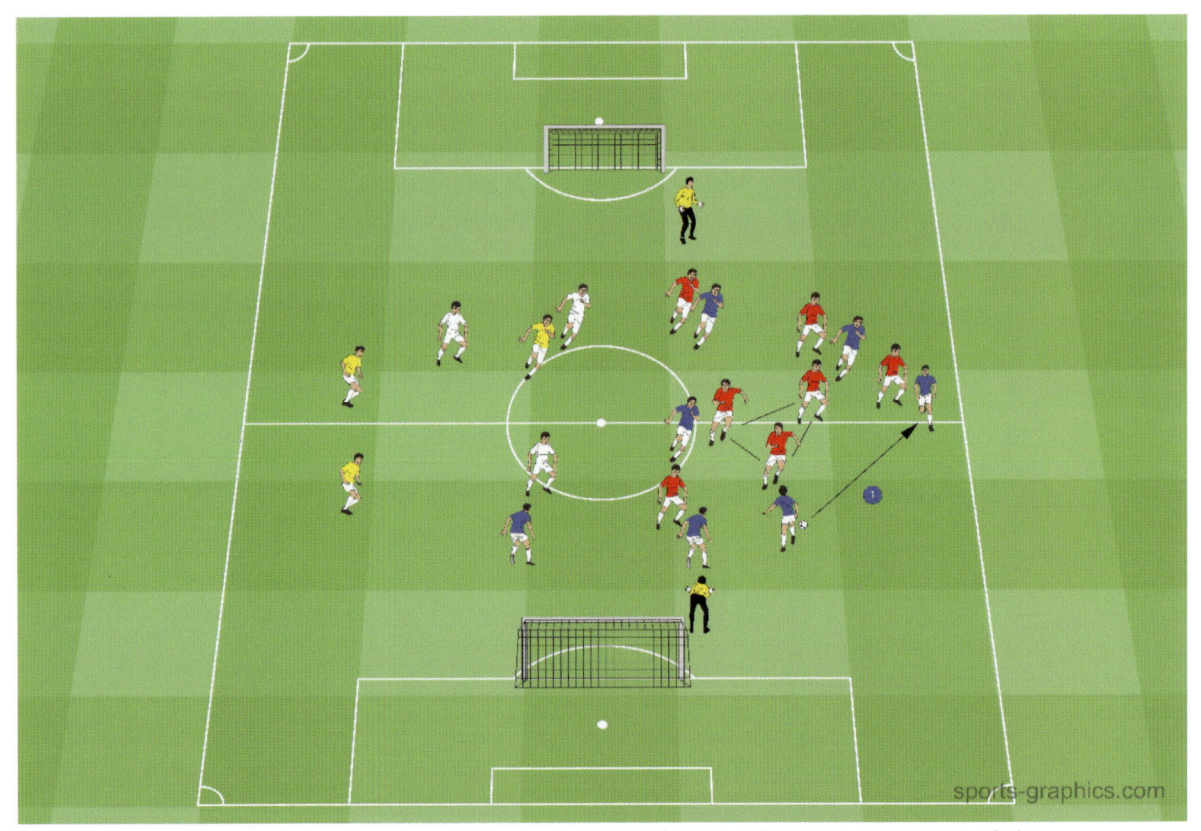

Abb. 6: Spielaufbau im: Sieben gegen Sieben mit je 3 Ergänzungsspielern

Ich habe Ihnen bereits weiter oben auf zwei Grafiken zwei Beispiele für Ihr Coaching mit sieben Spielern im Zentrum und am Flügel dargestellt und Ihnen ebenso die Problematik einer vielleicht nur geringen Kadergröße für Sie hoffentlich sehr nachvollziehbar erörtert!

Damit Sie also jederzeit die Übersicht für Ihr jetzt so wichtiges, strategisches Coaching behalten, können Sie bei den Spielformen des Leistungstrainings (= Basisbausteine 21 bis 30)

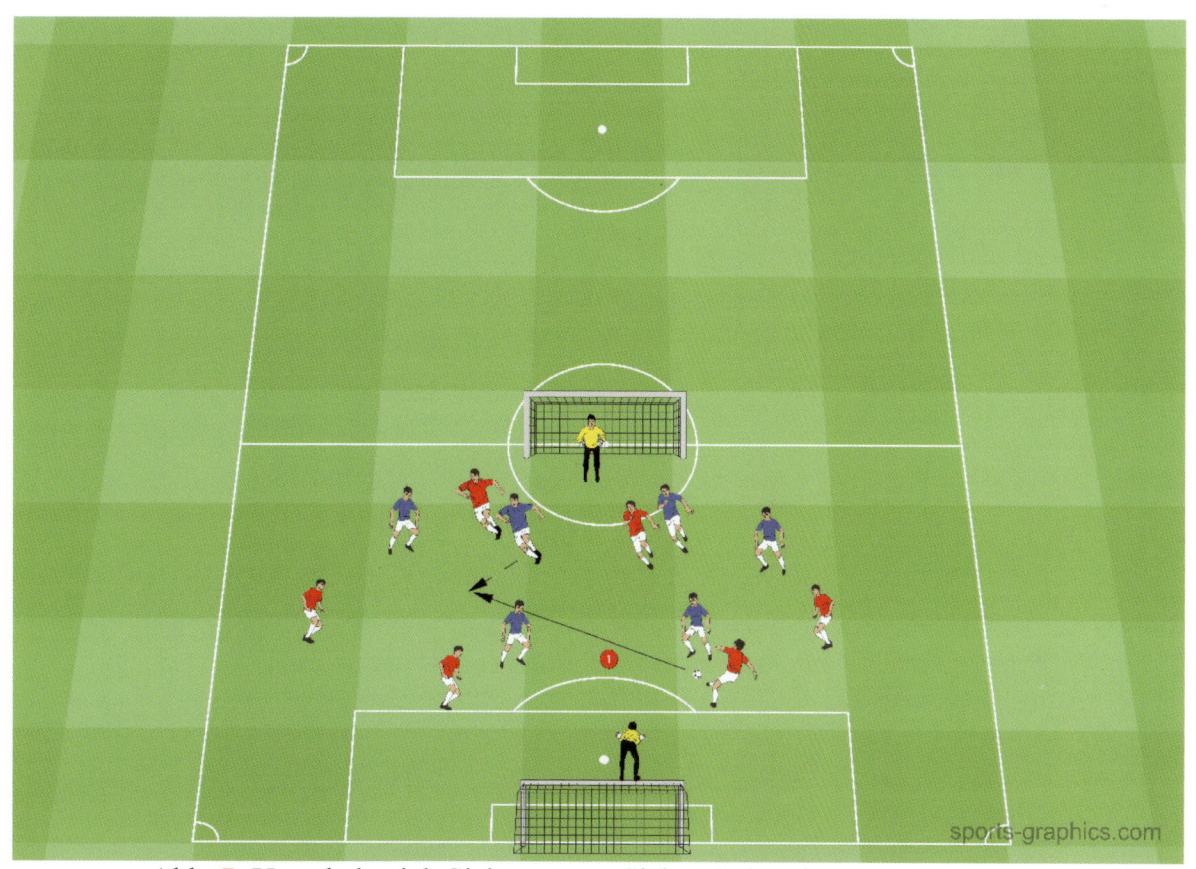

Abb. 7: Umschaltspiel: Sieben gegen Sieben / Situation 1 Balleroberung

auf allen Grafiken (!) die fehlenden Angreifer als gelbe ‚Geisterspieler' und die fehlenden Verteidiger als weiße ‚Geisterspieler' für Ihr Training mit Ihrer Mannschaft und den Ihnen zahlenmäßig tatsächlich zur Verfügung stehenden Spielern mit einzeichnen.

Ich habe Ihnen oben einmal eine solche Beispielskizze (Abbildung 28: Spielaufbau im: Sieben gegen Sieben) erstellt.

Aber egal wie viele Spieler Sie letztendlich zur Verfügung haben, kommt es nach dem erfolgreichen vertikalen Verschmelzen der Spieler zum Spieler-Block nunmehr zu den ‚Königsdisziplinen' aus mannschaftstaktischer Sicht:

Und das sind nicht nur meines Erachtens zum einen das gut getimte und schlau gelaufene Pressing und Gegen-Pressing, sondern auch zum anderen das schnelle, taktisch-kluge Umschaltspiel, und zwar sowohl nach einem Ballgewinn als auch nach einem Ballverlust!

Denn ein Pressing macht in der Regel nur als ‚konzertierte Aktion' im Spieler-Block Sinn; und das dazu erforderliche, aggressive Anlaufen sowie Nachrücken aller Spieler ist nur mit den entsprechend sinnvollen Abständen der Spieler sowie Mannschaftsteile untereinander erfolgversprechend (siehe oben: Grafiken mit farbigen Bausteinen).

Bei einem Ballgewinn hat die balleroberende Mannschaft nämlich nur sehr wenig Zeit - je nach Sichtweise etwa vier bis sieben Sekunden - einen schnellen Gegenangriff mittels eines Konters zu initiieren, denn nach ca. 7sek hat sich die verteidigende Mannschaft wieder hinter der sogenannten ‚defensiven Ball-Linie' organisiert gestaffelt, so dass der Konter verpufft.

Deswegen sollte der erste Pass nach einem erfolgreichen Pressing mit Balleroberung, sofern irgend möglich, auch in die Tiefe gespielt werden - am besten zu einem in der Spitze bereits sich freilaufenden Angreifer - damit die Verteidiger des Gegners eben nicht mehr schnell genug hinter die defensive Ball-Linie zurücksprinten und sich defensiv organisieren können!

Dieser erste Pass in die Tiefe ist aber verständlicherweise nur dann möglich, wenn in der Tiefe auch eine Anspieloption vorhanden ist.

Deswegen ist schon in der kleinsten Spielform (= Vier plus Eins oder: Drei plus Zwei) immer mindestens ein Spieler in der Grundaufstellung in der Spitze positioniert, der sich bei einer Balleroberung durch einen Mitspieler sofort schlau in der Tiefe zu einem möglichen Tiefen-Anspiel freilaufen und das Spiel sodann klug fortsetzen muss.

So könnte dieser in der Tiefe angespielte Angreifer den Ball auf einen schnell nachrückenden Mittelfeldspieler klatschen lassen, und dieser spielt wiederum einen Pass in den Lauf des über die Außenbahn sprintenden, äußeren Mittelfeldspielers oder aus der Tiefe des Raumes im höchsten Tempo nachrückenden, äußeren Verteidigers der Dreier- oder der Vierer-Kette.

Ich habe Ihnen diese Umschaltsituation auf der nächsten Seite grafisch dargestellt:

Abb. 29 → Situation 1 = Balleroberung
Abb. 30 → Situation 2 = erster Pass in die Tiefe.

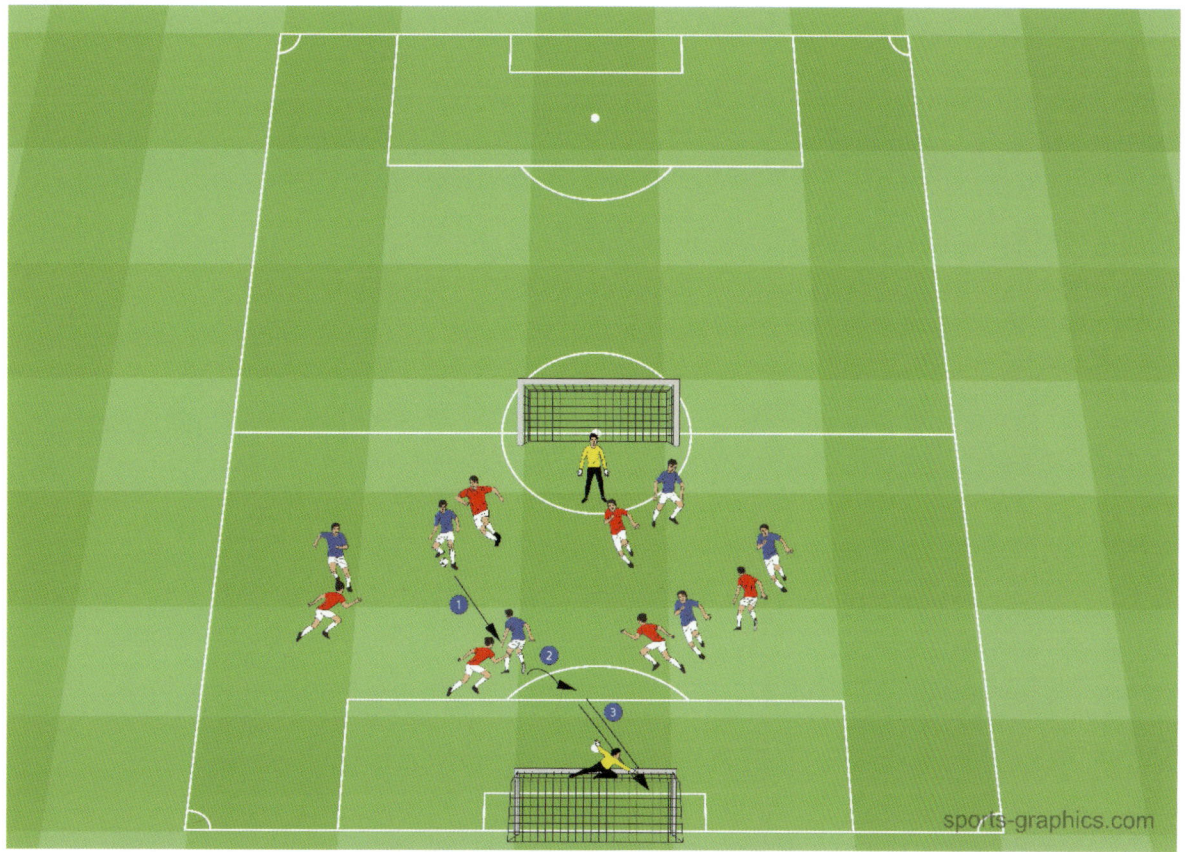

Abb. 8: Umschaltspiel: Sieben gegen Sieben / Situation 2 = 1. Pass in die Tiefe

Nach einem Ballverlust durch ein erfolgreiches Pressing des Gegners sollte insofern die jetzt verteidigende Mannschaft schnellstmöglich hinter die defensive Ball-Linie kommen, um besagten Konter des Gegners erfolgreich zu unterbinden.

Dazu bedarf es allerdings grundsätzlich zweier, miteinander zeitgleich durchzuführender, taktischer Defensiv-Maßnahmen:

Zum einen muss der ballerobernde Spieler des Gegners sofort durch ein sogenanntes Gegen-Pressing (s.o.) unter Druck gesetzt werden, damit er keine Zeit hat, sich in Ruhe im Raum zu orientieren, um seinen sich freilaufenden Mitspieler mit einem Pass in der Tiefe anzuspielen.

Und zum anderen müssen alle anderen, defensiv umschaltenden Spieler schnellstmöglich zentral sowie hinter die defensive Ball-Linie einrücken, um die zuvor im Offensivspiel durch das Breitmachen geöffneten Räume vor allem im Zentrum wieder sehr schnell zu schließen sowie sich zudem auch noch am Gegen-Pressing schlau beteiligen.

Dieses Gegen-Pressing sollte jedoch in Unterzahl unbedingt unterbleiben, da ansonsten sofort das besagte, schnelle Tiefenspiel des ballführenden Angreifers und ein Gegentor drohen!

In diesem Fall (= Unterzahl in Ball-Nähe nach einem Ballverlust / Anm. d. Verf.) sollte der Verteidiger in der Rückwärtsbewegung nur durch ein taktisch geschicktes ‚Stellen' des Angreifers versuchen, dessen schnellen Spielaufbau oder gar Konter zu stören, damit seine Mitspieler noch schnell genug hinter die so wichtige defensive Ball-Linie sprinten können.

41

<u>Warum aber sind das Pressing sowie auch das Umschaltspiel m.E. die Königsdisziplinen?</u>

Wenn man sich etwas genauer die bisherigen taktischen Anforderungen an die Spieler im Ausbildungsverlauf anschaut, so waren diese im Grundlagentraining primär individual- und im anschließenden Aufbautraining kleingruppentaktischer Art (= Bewegungsschemata etc.).

Das heißt es gilt nunmehr, diese in den ersten acht Ausbildungsjahren erworbenen individual- und kleingruppentaktischen Fähigkeiten sowohl großgruppentaktisch als vor allem aber auch mannschaftstaktisch sehr kreativ umzusetzen, d.h. in die Schwarmintelligenz eines B- oder A-Juniorenteams zu integrieren!

Das Anspruchsvolle beim Umschaltspiel - aber besonders beim Pressing - ist offensichtlich aus taktischer Sicht Folgendes:

Wer bestimmt denn überhaupt, zu welchem Zeitpunkt und in welcher Situation das Pressing durchgeführt wird (u.a.: Rückpass zum Torwart), und wie viele Spieler sind denn überhaupt an dieser ‚konzertierten' Aktion sinnvollerweise zu beteiligen?

<u>Und nicht zuletzt steht ja auch noch aus taktischer Sicht die entscheidende Frage im Raum:</u>

Was ist und nicht zuletzt: wie ‚funktioniert' überhaupt Pressing?

Das Wort Pressing kommt aus dem Englischen (= to press) und bedeutet im Deutschen so viel wie: drücken. Aber *wer* übt denn im Fußball auf *wen* und vor allem *wann* welchen Druck aus?

Wird zum Beispiel in einem normalen, einfachen Zweikampf nicht auch Druck durch den attackierenden Verteidiger auf den ballführenden Angreifer ausgeübt? Und ist so ein einfacher Zweikampf aus mannschaftstaktischer Sicht auch schon Pressing?

Die Antwort ist recht simpel und beginnt wiederum mit einer Frage:

Welche Art von Druck kann ich denn eigentlich im Fußball ausüben? Nun, das sind neben dem direkten Gegner- zum einen der Zeit- und zum anderen auch noch der Raum-Druck.

D.h. der ballführende Spieler hat im Zweikampf sowohl weniger Zeit als auch weniger Raum zum Handeln, er muss sich also, wenn man das einmal etwas salopp ausdrücken will, am Ball ‚beeilen' (= situative Handlungsschnelligkeit).

Allerdings handelt es sich bei einem klassischen Zweikampf eben lediglich um eine: Eins gegen Eins-Situation, denn es sind nur zwei Spieler an dieser Aktion beteiligt, während die anderen Spieler - etwas überspitzt formuliert - zumindest eine physische Pause haben…

Beim Pressing hingegen sieht es, u.a. in konsequenter Fortsetzung der kleingruppentaktischen Bewegungsschemata, an denen ja schon vier oder sechs Spieler beteiligt sind, aus taktischer Sicht ganz anders aus.

Weil nämlich beim Pressing <u>alle Spieler</u> und dies auch noch <u>zeitgleich</u> mitmachen müssen, wobei die in direkter Ballnähe agierenden Verteidiger natürlich den größten Zeit-, Raum- und Gegnerdruck aufbauen müssen, um schließlich auch den Ball vom Gegner erobern zu können.

Insofern sind das Pressing wie auch das Umschaltspiel mannschaftstaktische Maßnahmen, die als solche immer wieder und in sehr variablen Spielformen geübt und letztlich im Sinne der Schwarmintelligenz nachhaltig bei allen Spielern so auch automatisiert werden müssen!

Das Coaching dieser zwei sehr anspruchsvollen mannschaftstaktischen Maßnahmen erfolgt anhand der Basisbausteine 26 / 27 und sollte im Sinne eines mannschaftstaktischen Coachings möglichst mit allen Spielern (ggf. auch: Acht gegen Acht etc. / s.o.) durchgeführt werden!

Den Abschluss der Ausbildung im Leistungsalter bilden schließlich die drei Basisbausteine 28 bis 30 u.a. mit dem Coaching der sicheren Spieleröffnung im 3:5:2- sowie auch noch im 4:4:2-System (= Basisbaustein 28), wobei in vielen kleineren Vereinen eben aufgrund einer nur geringen Kadergröße dieses Coaching leider nur im: Elf gegen Vier etc. erfolgen kann!

Im Übrigen sind nur die gleichzeitig zu absolvierenden Laufwege der jeweils in Spielrichtung sowie in Bezug zum Ball verteidigenden Spieler bei den Basisbausteinen 21 bis 23 wichtig und für Sie auch auf den diesbezüglichen Skizzen z. T. mit Pfeilen entsprechend dargestellt.

Insofern sollte Ihnen klar sein, dass - wie bereits oben erörtert - die ja eigentlich zudem noch vorhandenen, restlichen Verteidiger diese Laufwege ergänzen und somit auch die anderen spielrelevanten Zonen besetzen, und dementsprechend die weiteren, auf den Skizzen sehr wohl eingezeichneten, Angreifer selbstverständlich bekämpfen!

5.3 Die 10 Basisbausteine der B- und A-Junioren

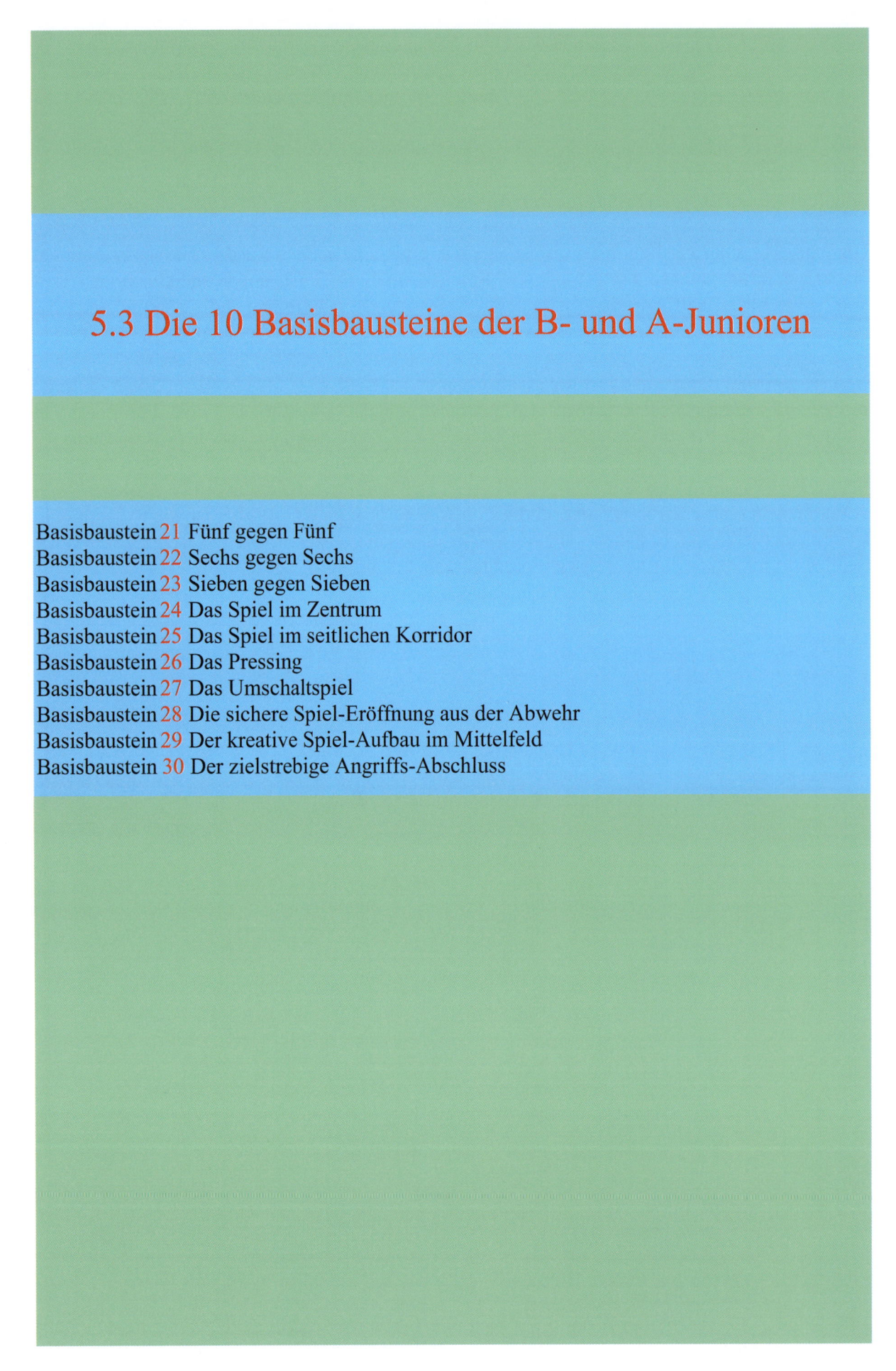

Basisbaustein 21 Fünf gegen Fünf
Basisbaustein 22 Sechs gegen Sechs
Basisbaustein 23 Sieben gegen Sieben
Basisbaustein 24 Das Spiel im Zentrum
Basisbaustein 25 Das Spiel im seitlichen Korridor
Basisbaustein 26 Das Pressing
Basisbaustein 27 Das Umschaltspiel
Basisbaustein 28 Die sichere Spiel-Eröffnung aus der Abwehr
Basisbaustein 29 Der kreative Spiel-Aufbau im Mittelfeld
Basisbaustein 30 Der zielstrebige Angriffs-Abschluss

BASISBAUSTEIN 21

Fünf gegen Fünf

Spielform 21: ‚Fünf gegen Fünf'

Ziel:
› Erlernen und / oder Verbessern des Tiefenspiels (= Verschmelzen der Ketten in der Tiefe)

Organisation:
› Spielfeld: verlängerter 16er / 3 Zonen (siehe Skizze) / 2 große Tore jeweils mit 1 TW
› Acht Pylonen zwecks Markierung der Abwehr-, Mittelfeld- und Angriffs-Zone
› Der Trainer steht am Spielfeldrand und beobachtet aufmerksam die Spielform

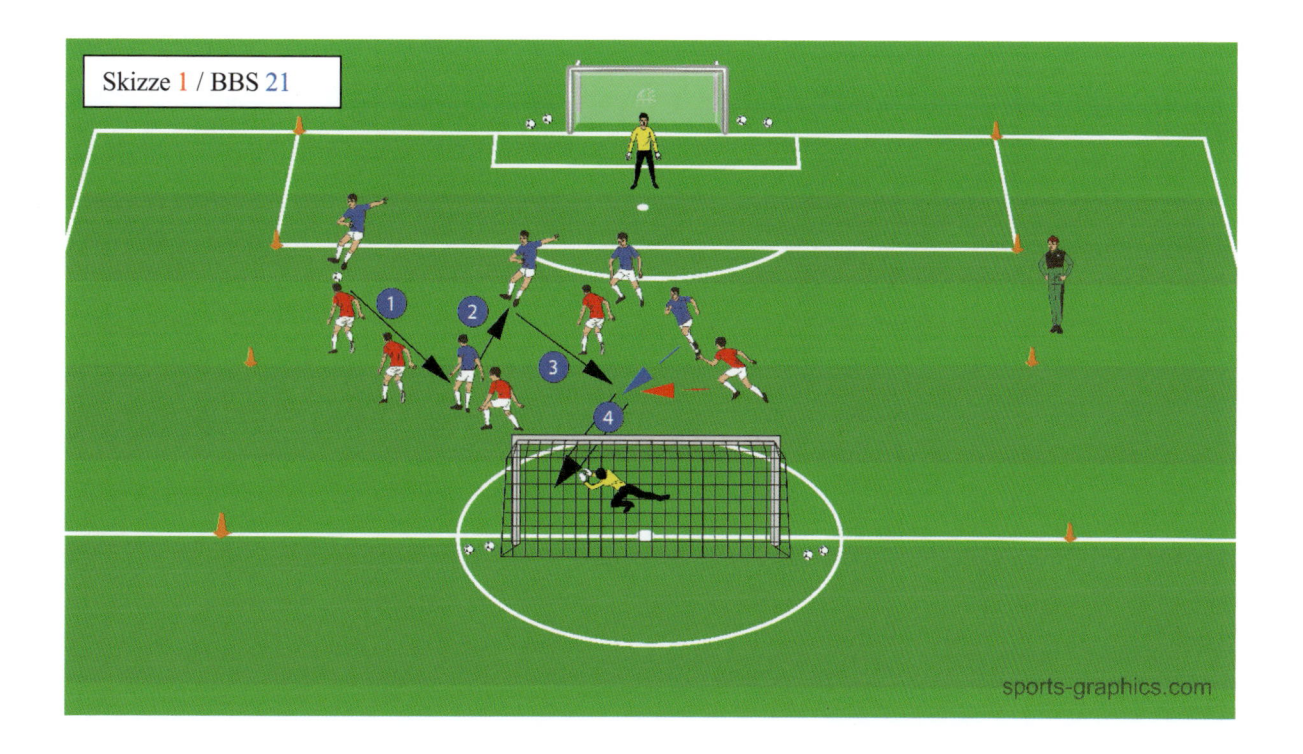

Skizze 1 / BBS 21

Ablauf, Variationen und Coaching-Hinweise zu Basis-Übung 21

Ablauf:
› Zwei Mannschaften spielen in dem halben Großfeld auf 2 Tore Fünf gegen Fünf

› Die Zonen müssen im Spielverlauf durch die Angreifer so besetzt werden, dass jederzeit ein Raumgewinn durch einen Pass in die Tiefe des Feldes / in die nächste Zone möglich ist

› Die Angreifer sollen zwecks Raumgewinns immer wieder versuchen, einen Mitspieler in der Tiefe des Feldes anzuspielen, also zum Beispiel: aus der Abwehr ins Mittelfeld oder direkt in die Spitze (= druckvoller Flachpass oder Flugball) sowie aus dem Mittelfeld in die Spitze

› Nach dem Anspiel sollen sie mit schlauen Laufwegen nachrücken, um so erneut eine oder mehrere Abspiel-Optionen zu bieten (= Skizze: u.a. der außen nachrückende Mitspieler)

› Ist ein Pass-Spiel in die Tiefe situativ unmöglich, so sollen die Angreifer alternativ im kreativen Offensivspiel (= Bewegungsschemata etc.) oder der ballführende Spieler, wenn es die Situation erfordert, auch im kreativen: Eins gegen Eins versuchen, einen Raumgewinn in der Tiefe des Feldes zu erzielen und schließlich auch zum Torabschluss kommen

› Es wird mit Abseits gespielt

Variationen:
› Es darf nur mit drei Kontakten gespielt werden

› Ein Tor nach einer Tiefenspiel-Kombination: 1. Pass in die Tiefe 2. Klatschen lassen 3. Pass in den 16er 4. Torschuss (= Skizze) oder nach einem Steilpass zählt doppelt

› Nach einem Rückpass zum Torwart darf dieser nur direkt weiterspielen (= ggf. Pressing)

Coaching-Hinweise:
› Die Angreifer sollen durch ihr geschicktes Freilaufen den Ball möglichst in der offenen oder in der halboffenen Ballannahme-Positionen an- und mitnehmen oder klatschen lassen

› Die Angreifer sollten - trotz variabler Positionswechsel - (= Bewegungsschemata) immer einen anspielbereiten Angreifer für einen Pass in die Tiefe in der Spitze positionieren

› Ein Diagonal-Pass nach vorne, wenn auch nur mit einem geringen vertikalem Raumgewinn, ist insofern selbstverständlich auch ein Tiefen-Spiel

BASISBAUSTEIN 22

Sechs gegen Sechs

Spielform 22: ‚Sechs gegen Sechs'

Ziel:
› Erlernen und / oder Verbessern des Tiefenspiels (= Verschmelzen der Ketten in der Tiefe)

Organisation:
› Spielfeld: verlängerter 16er / 3 Zonen (siehe Skizze) / 2 große Tore jeweils mit 1 TW
› Acht Pylonen zwecks Markierung der Abwehr-, Mittelfeld- und Angriffs-Zone
› Der Trainer steht am Spielfeldrand und beobachtet aufmerksam die Spielform

Ablauf:
› Zwei Mannschaften spielen in dem halben Großfeld auf 2 Tore Sechs gegen Sechs

› Die Angreifer sollen im kreativen Offensivspiel (= Positionsspiel / Bewegungsschemata) immer wieder versuchen, den Mitspieler in der Spitze anzuspielen, nach dem Anspiel mit ‚schlaue', kreativen Laufwegen nachrücken, um möglichst zum Abschluss zu kommen

› Sind ein Tiefenspiel und auch ein Bewegungsschema situativ unmöglich, so soll der ballführende Spieler alternativ ein kreatives: Eins gegen Eins starten und abschließen

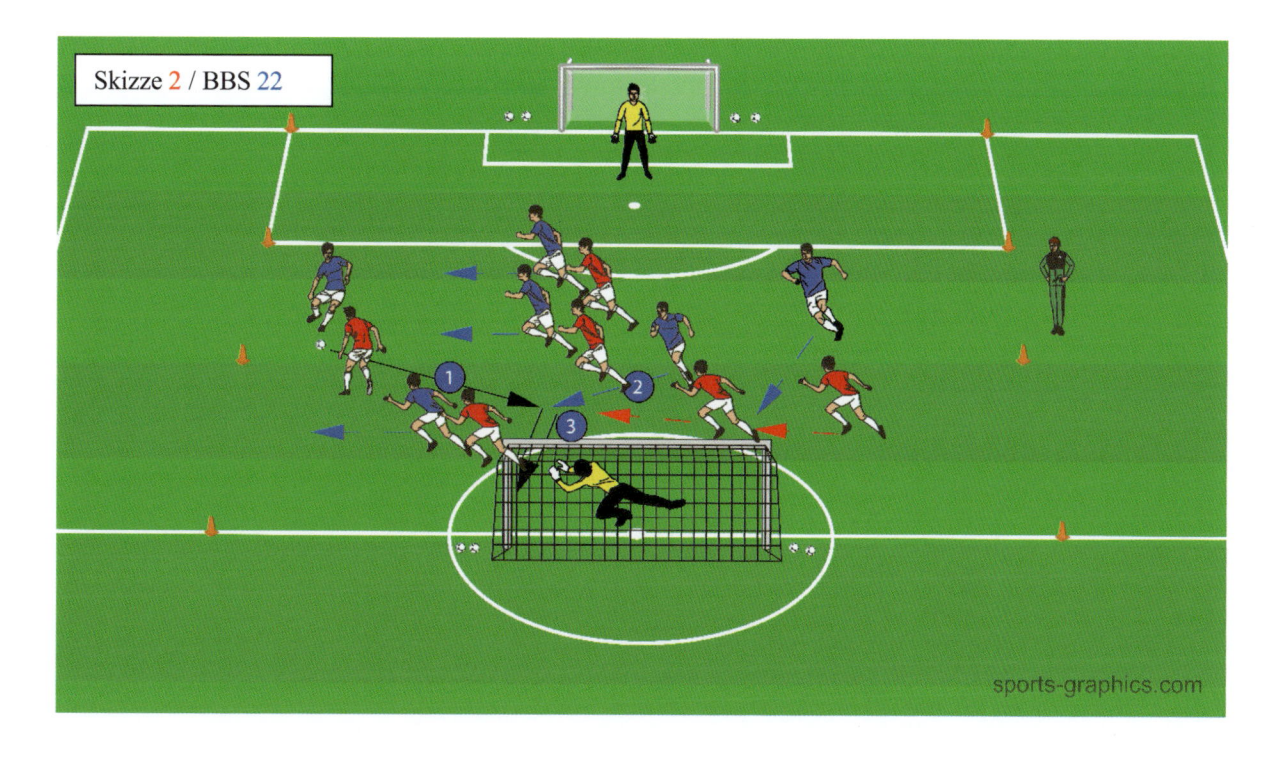

Skizze 2 / BBS 22

Variationen und Coaching-Hinweise zu Spielform 22

<u>Variationen:</u>
> Es darf nur mit zwei Kontakten gespielt werden

> Ein Tor nach einer Tiefenspiel-Kombination oder direkt nach einem Steilpass zählt doppelt: 1. Pass in die Tiefe 2. Klatschen lassen 3. Pass in den 16er 4. direkter Torschuss

> Nach einem Rückpass zum Torwart sollen die Verteidiger sofort klug pressen

> Spielt eine Mannschaft 4 Quer- oder Rückpässe hintereinander, erhält der Gegner den Ball

> Es kann aber auch ein Rückpass zum Torwart erfolgen, um von dort die Aktion neu zu starten

> Es kann nur ein Tor nach mindestens einem Pass in der Tiefe erzielt werden

<u>Coaching-Hinweise:</u>
> Die Angreifer sollen bewusst mit einem etwas tiefer stehenden, letzten Verteidiger spielen, damit zum einen des Öfteren auch drei Linien in beiden Mannschaften zustande kommen (= Skizze) sowie zum anderen jederzeit auch eine Spielverlagerung erfolgen kann

> Die angreifende Mannschaft muss - trotz variabler Positionswechsel - immer einen anspielbereiten Angreifer in der Tiefe bzw. in der Spitze positioniert haben

> Die sich anbietenden Spieler sollen sich möglichst in den Schnittstellen der gegnerischen Abwehr freilaufen, dabei aber die Freilauf-Bewegungen der anderen Mitspieler jederzeit im Blick haben, damit sie freie Räume nicht doppelt erlaufen und somit verstellen

> Die Angreifer sollen durch ihr geschicktes Freilaufen den Ball möglichst in der offenen oder in der halboffenen Ballannahme-Positionen an- und mitnehmen oder klatschen lassen

> Die Angreifer sollen das Spiel breit machen und die Verteidiger das Zentrum verdichten

BASISBAUSTEIN 23

Sieben gegen Sieben

Spielform 23: ‚Sieben gegen Sieben'

Ziel:
› Erlernen und / oder Verbessern des Tiefenspiels (= Verschmelzen der Ketten in der Tiefe)

Organisation:
› halbes Spielfeld / 3 Zonen (siehe Skizze) / 2 große Tore jeweils mit 1 Torwart
› Acht Pylonen zwecks Markierung der Abwehr-, Mittelfeld- und Angriffs-Zone
› Der Trainer steht am Spielfeldrand und beobachtet aufmerksam die Spielform

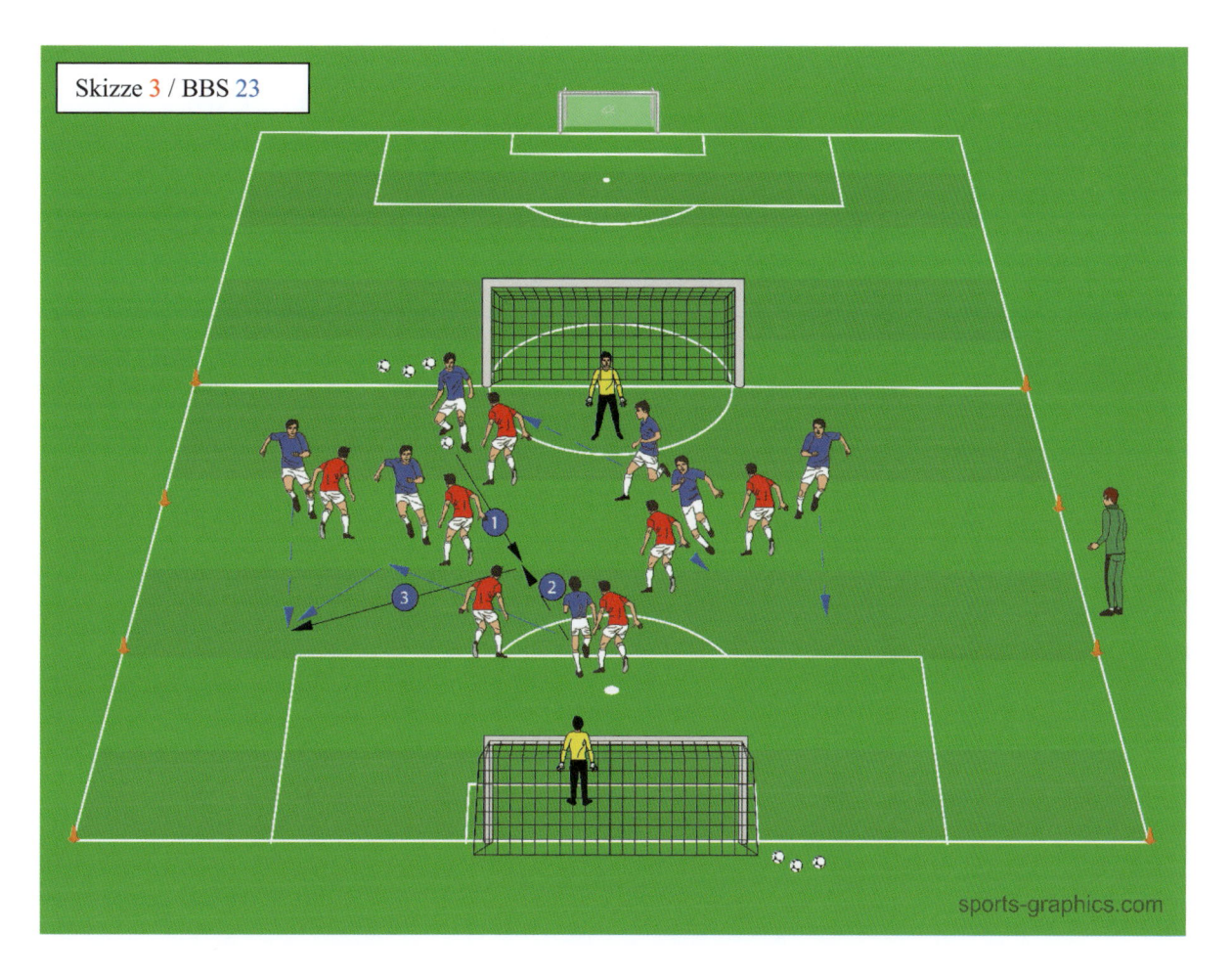

Skizze 3 / BBS 23

Ablauf, Variationen und Coaching-Hinweise zu Spielform 23

Ablauf:
› Zwei Mannschaften spielen in dem halben Großfeld auf 2 Tore Sieben gegen Sieben

› Die Angreifer sollen im kreativen Offensivspiel (= Positionsspiel / Bewegungsschemata) versuchen, den Mitspieler in der Spitze anzuspielen zum Beispiel: die zwei Sechser laufen in der Spieleröffnung jeweils nach außen (= blaue Pfeile) binden so ihre Gegenspieler und öffnen den zentralen Korridor für das Tiefenspiel durch einen Innenverteidiger auf den zentralen Stürmer, der auf den nachrückenden Außenverteidiger spielt (= schwarze Pfeile) (= einen Gegenspieler binden und so einen Raum öffnen / siehe Skizze)

› Alternativ könnte der zentrale Stürmer auch zum sich auf der Schnittstelle frei gelaufenen Sechser passen, der seinerseits den Pass nach außen spielt (= rote Pfeile) etc.

Variationen:
› Die gegnerischen Sechser schließen den zentralen Korridor = dann über außen eröffnen etc.

› Ein Tor nach einer Tiefenspiel-Kombination oder direkt nach einem Steilpass zählt doppelt: 1. Pass in die Tiefe 2. Klatschen lassen 3. Pass in den 16er 4. direkter Torschuss

› Nach einem Rückpass zum Torwart sollen alle Verteidiger im Block zeitgleich vorschieben

Coaching-Hinweise:
› Die Angreifer sollen bewusst die ganze Breite des Feldes nutzen, um so die gegnerische Abwehrformation möglichst auseinander zu ziehen, damit immer wieder Korridore für ein Tiefenspiel entstehen sowie zum anderen jederzeit auch eine Spielverlagerung erfolgen kann

› Die angreifende Mannschaft sollte allerdings die Abstände in der Tiefe des Feldes - also die Abstände der Ketten untereinander (= Abwehr / Mittelfeld / Angriff) - so wählen, dass auch alternativ zum Tiefen- ein problemloses Pass- und Kombinationsspiel jederzeit möglich ist

› Die sich anbietenden Spieler sollen sich möglichst in den Schnittstellen der gegnerischen Abwehr freilaufen, dabei aber die Freilauf-Bewegungen der anderen Mitspieler jederzeit im Blick haben, damit sie freie Räume nicht doppelt erlaufen und somit verstellen

› Die Angreifer sollen durch ihr geschicktes Freilaufen den Ball möglichst in der offenen oder in der halboffenen Ballannahme-Positionen an- und mitnehmen oder direkt klatschen lassen

BASISBAUSTEIN 24

Das Spiel im Zentrum

Spielform 24: ‚Die Offensive und Defensive im Zentrum'

Ziel:
› Erlernen und / oder Verbessern des Spielens gegen ein Pressing im Zentrum

Organisation:
› ganzes Spielfeld oder von 16er zu 16er / 2 große Tore mit je 1 Torwart (= Skizzen 1 und 2)
› zwei seitliche Korridore rechts und links sowie ein zentraler Korridor

Ablauf:
› Zwei Mannschaften (rot / blau) spielen auf 2 große Tore: Sieben gegen Sieben (= Skizze 1)
› Die Angreifer sollen im kreativen Offensivspiel (= Positionsspiel / Bewegungsschemata) versuchen, sich im Zentrum durchzuspielen, aber wenn die Situation es erfordert, mit einer schnellen Spielverlagerung sich auch wieder frei zu spielen (zum Beispiel: der ballführende Angreifer erkennt, dass er in dieser engen Spielsituation – hier: durch die 5:3-Überzahl der Abwehr im Zentrum - über außen spielen muss / je 2:1-Überzahl der Stürmer = blauer Pfeil)
› Alternativ kann der ballführende Angreifer, um trotzdem über das Zentrum zu spielen, den zentralen Mittelfeldspieler anspielen, sich seitlich zum Rückpass absetzen, um erneut angespielt zu werden. Oder der angespielte zentrale Mittelfeldspieler lässt direkt zu einem anderen Mitspieler klatschen, um so z. Bsp. ein Spiel ‚über den Dritten' zu initiieren

Variationen:
› Die verteidigende Mannschaft spielt das: Sieben gegen Sieben nur mit einem zentralen Innenverteidiger, simuliert so ein 3:5:2-System (= Dreierkette)

Coaching-Hinweise:
› Der zentrale Korridor hat ca. die Breite des Mittelkreises, kann aber situativ auch etwas schmaler / breiter werden und in diesem Zentrum muss die Abwehr eine Überzahl haben
› Deswegen sollten die diesbezüglich verantwortlichen Abwehrspieler sich untereinander so coachen, dass der Vierer-Block (= 2 Innenverteidiger plus zwei Sechser im 4:4:2-System / siehe Skizze 1) das Zentrum in der Breite schließt und die Stürmer kreativ davor agieren
› Denn die Abwehr (= der Vierer-Block) muss unbedingt einen Steilpass durch das sonst zu offene Zentrum verhindern (= vertikaler Korridor öffnet sich); das ermöglicht optimal die frontale Schulterachsen-Position der Spieler des Vierer-Blockes, da die Stürmer dann in der für sie sehr ungünstigen geschlossenen Ballannahme-Position agieren müssen
› wichtig: situativ zeitgleiches Verschieben aller 10 Verteidiger im Block in Richtung Ball
› der klug anlaufende Stürmer (= roter Pfeil) soll den Querpass / Spielverlagerung verhindern
› Ich habe für Sie einmal die Spielsituation komplett mit allen 22 Spielern aufgezeichnet (Skizze 2) / 3 ergänzende Abwehrspieler = weiß, 3 ergänzende Angriffsspieler = gelb

Spielform 24: ‚Die Offensive und Defensive im Zentrum'

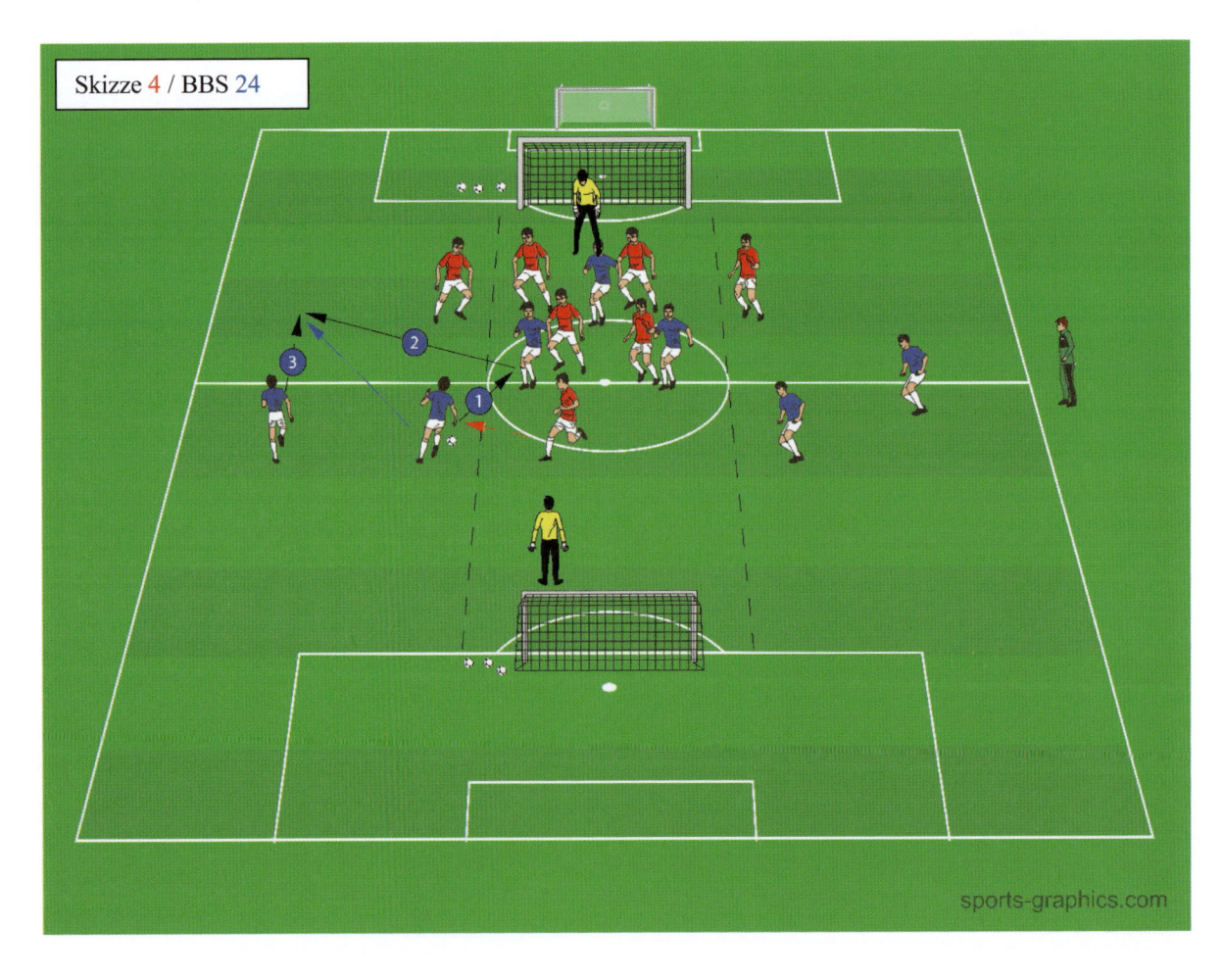

Skizze 4 / BBS 24

Spielform 24: ‚Die Offensive und Defensive im Zentrum'

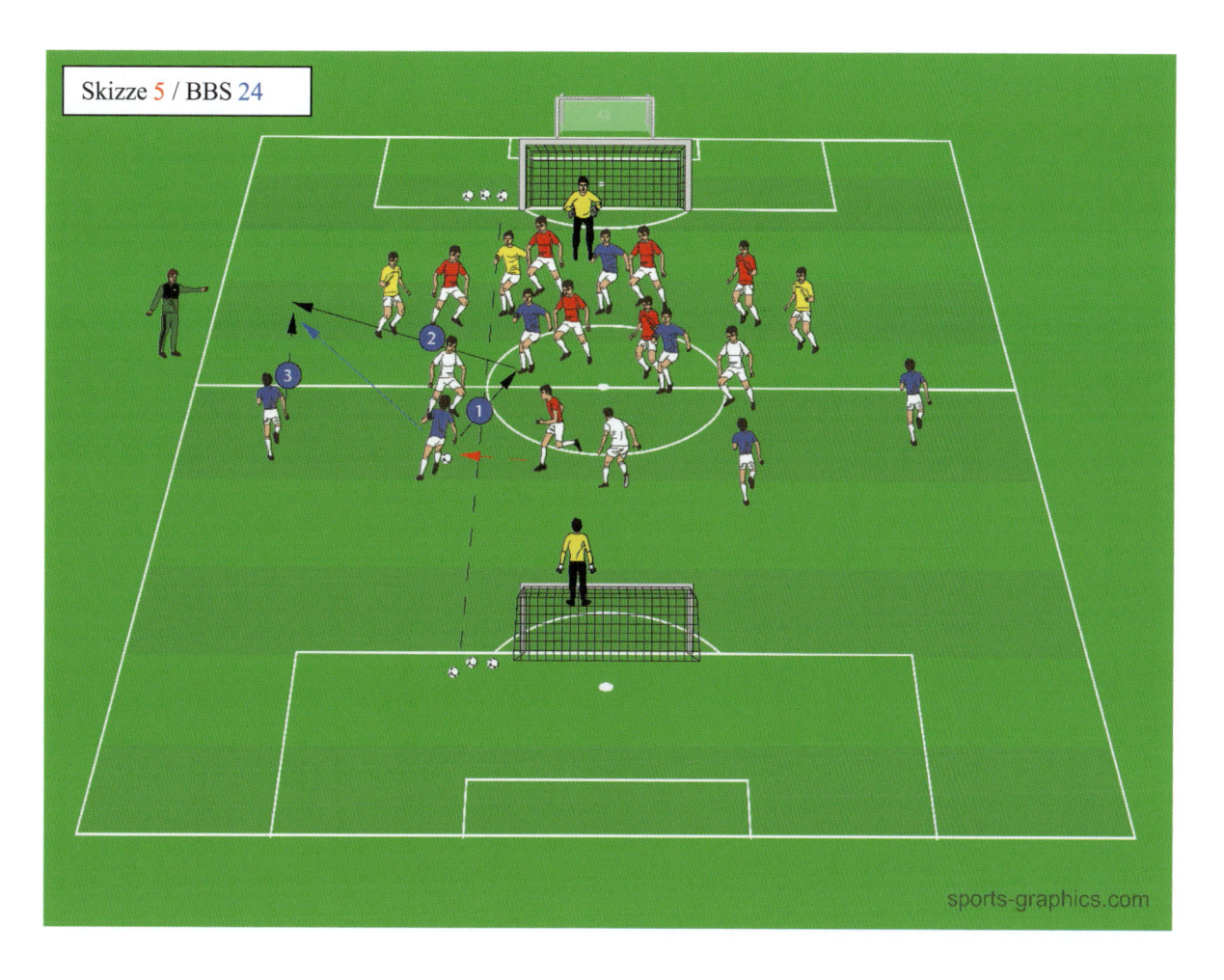

Skizze 5 / BBS 24

BASISBAUSTEIN 25

Das Spiel im seitlichen Korridor

Spielform 25: ‚Die Offensive und Defensive im seitlichen Korridor'

Ziel:
› Erlernen und / oder Verbessern des Spielens (gegen ein Pressing) am Flügel

Organisation:
› ganzes Spielfeld oder von 16er zu 16er / 2 große Tore mit je 1 Torwart (→ Skizzen 1 und 2)
› zwei seitliche Korridore rechts und links sowie ein zentraler Korridor

Ablauf:
› Zwei Mannschaften spielen auf 2 große Tore: Sieben gegen Sieben
› Die Angreifer sollen im kreativen Offensivspiel (= Positionsspiel / Bewegungsschemata) versuchen, sich am Flügel durchzuspielen (= Skizze 1), aber wenn die Situation es erfordert, sich mit einer Spielverlagerung auch wieder frei zu spielen (= der ballführende Angreifer erkennt, dass er in dieser engen Spielsituation / Skizze 1, bedingt durch das kluge Verdichten des seitlichen Korridors durch die Abwehr, hintenrum spielen muss = blauer Pfeil / Skizze 2)
› Alternativ kann der ballführende Angreifer, um den Ballbesitz ganz gefahrlos zu sichern, abkneifen, zurück zum Torwart spielen, der das Spiel schnell verlagert (= Skizze 2)

Variationen:
› Die 3 ballnahen Verteidiger sollen den äußeren Angreifer zum Anspiel bewusst frei lassen, um dann zeitgleich, aber erst mit dem Pass zu dritt zu ‚sandwichen' (= rote Pfeile Skizze 1)

Coaching-Hinweise:
› Der letzte seitliche Spieler des seitlichen Korridors befindet sich ungefähr auf Höhe des rechten Schnittpunktes des Mittelkreises mit der Mittellinie, und der letzte seitliche Spieler des zentralen Korridors befindet sich ungefähr auf Höhe des linken Schnittpunktes des Mittelkreises mit der Mittellinie und sichert somit gegen die weite Spielverlagerung ab
› Deswegen sollten die Abwehrspieler am inneren, zentrumsnahen seitlichen Korridor-Rand auch mit Blickrichtung zur Seitenauslinie die Passwege in das Zentrum zustellen, d.h. die Schulterachsen dieser anlaufenden Verteidiger befinden sich parallel zur Seitenauslinie und eben nicht - wie sonst aber oftmals üblich - parallel zur Mittellinie und mit Blick aufs Tor
› Denn die Abwehr (= gegnerische Sechser) muss unbedingt einen Querpass durch das sonst zu offene Zentrum verhindern, was diese Schulterachsen-Position optimal ermöglicht
› Beachte: mit zunehmendem Abstand zum Ball vergrößert sich auch der Abstand der jeweiligen Abwehrwehrspieler zu ihren in deren Zonen befindlichen Angreifern
› Ich habe für Sie einmal die Spielsituation komplett mit allen 22 Spielern aufgezeichnet (Skizze 2) / 3 ergänzende Abwehrspieler = weiß, 3 ergänzende Angriffsspieler = gelb

Das Spiel im seitlichen Korridor

Das Spiel im seitlichen Korridor

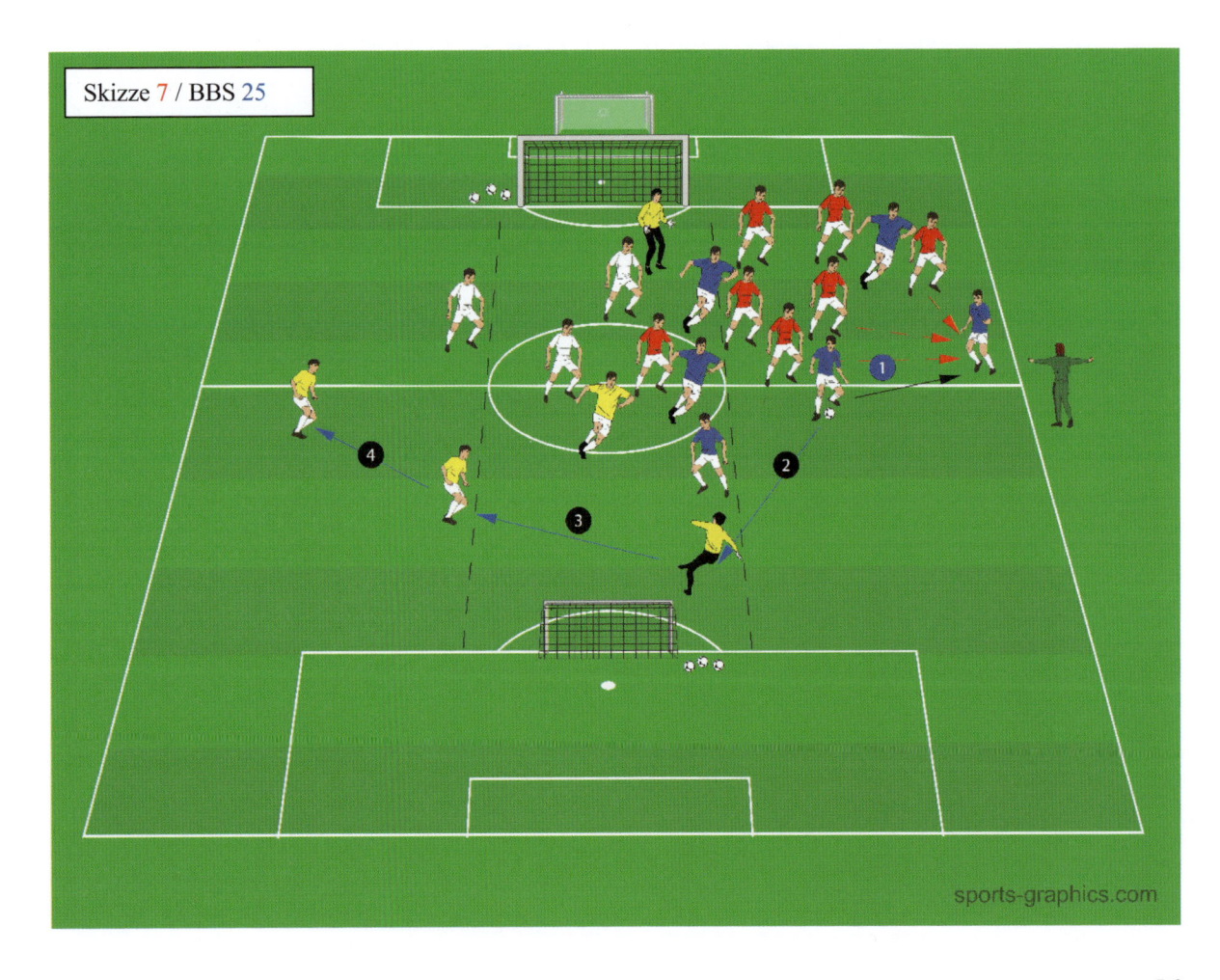

Skizze 7 / BBS 25

BASISBAUSTEIN 26

Das Pressing

Spielform 26: ‚Der klug verteidigende Spielerschwarm'

Ziel:
> Erlernen und / oder Verbessern des Pressings im Zentrum und am Flügel

Organisation:
> ganzes Spielfeld oder von 16er zu 16er / 2 große Tore mit je 1 Torwart (→ Skizzen 1 und 2)
> zwei seitliche Korridore rechts und links sowie ein zentraler Korridor

Ablauf:
> Zwei Mannschaften spielen auf 2 große Tore: Sieben gegen Sieben
> Die Verteidiger sollen im kreativen Pressing versuchen, Zeit- und Gegnerdruck auf den ballführenden Spieler (= rote Pfeile) auszuüben, um ihn so in eine Zweikampfsituation oder zu einem unkontrollierten Pass bzw. Spielaufbau zu zwingen: › Kolbenstoßbewegung gegen den Ball › ‚Sandwich' › zeitgleiches Anlaufen aller Spieler › defensive Bewegungsschemata
> Bei einem Ballverlust soll die zuvor angreifende Mannschaft sofort zum Gegen-Pressing ansetzen, indem sie nun ihrerseits den ballführenden Gegenspieler per Kolbenstoßbewegung sehr schnell unter Druck setzt, gleichzeitig mit den anderen Spielern zentral verdichtet und hinter die defensive Ball-Linie gelangt sowie mit den entsprechend sinnvollen Abständen untereinander im ‚Spielerschwarm' klug in Richtung des Balles verschiebt und Druck ausübt

Variationen:
> Das Pressing wird sehr hoch vor dem gegnerischen 16er gespielt; Achtung: der Stürmer läuft den ballführenden Verteidiger innen an und lenkt so das Spiel nach außen (= Skizze 2)

Coaching-Hinweise:
> Der zentrale Korridor hat ungefähr die Breite des Mittelkreises, kann aber situativ auch etwas schmaler / breiter werden und im Zentrum muss die Abwehr eine Überzahl haben
> Da das Pressing zum einen sehr laufintensiv und somit sehr belastend für die Spieler ist, und auch die Spielsituation jeweils erst passend sein muss für ein Pressing, kann es kaum dauerhaft über 90min, sondern muss vielmehr situativ geschickt durchgeführt werden
> Insofern sollte immer ein zuvor festgelegter Führungsspieler das Kommando zum Anlaufen für das Pressing geben, da dann ein gleichzeitiges Pressing oftmals auch optimal möglich ist
> Zudem kommt es durch dieses alternierende Pressing gemäß der Superkompensation (= Belastungs- und Erholungskonzept) automatisch zu Mini-Regenationsphasen aller Spieler
> Ich habe für Sie die Spielsituation für ein situativ kluges Pressing der roten Mannschaft mit allen 22 Spielern in Skizze 1 aufgezeichnet = ‚eingefrorene' Szene mit dem dreifachen Pressing (= Sandwichen) der Verteidiger vor dem Pass des Innenverteidigers zum Mittelfeldspieler / fehlende Verteidiger = weiß, fehlende Angreifer = gelb

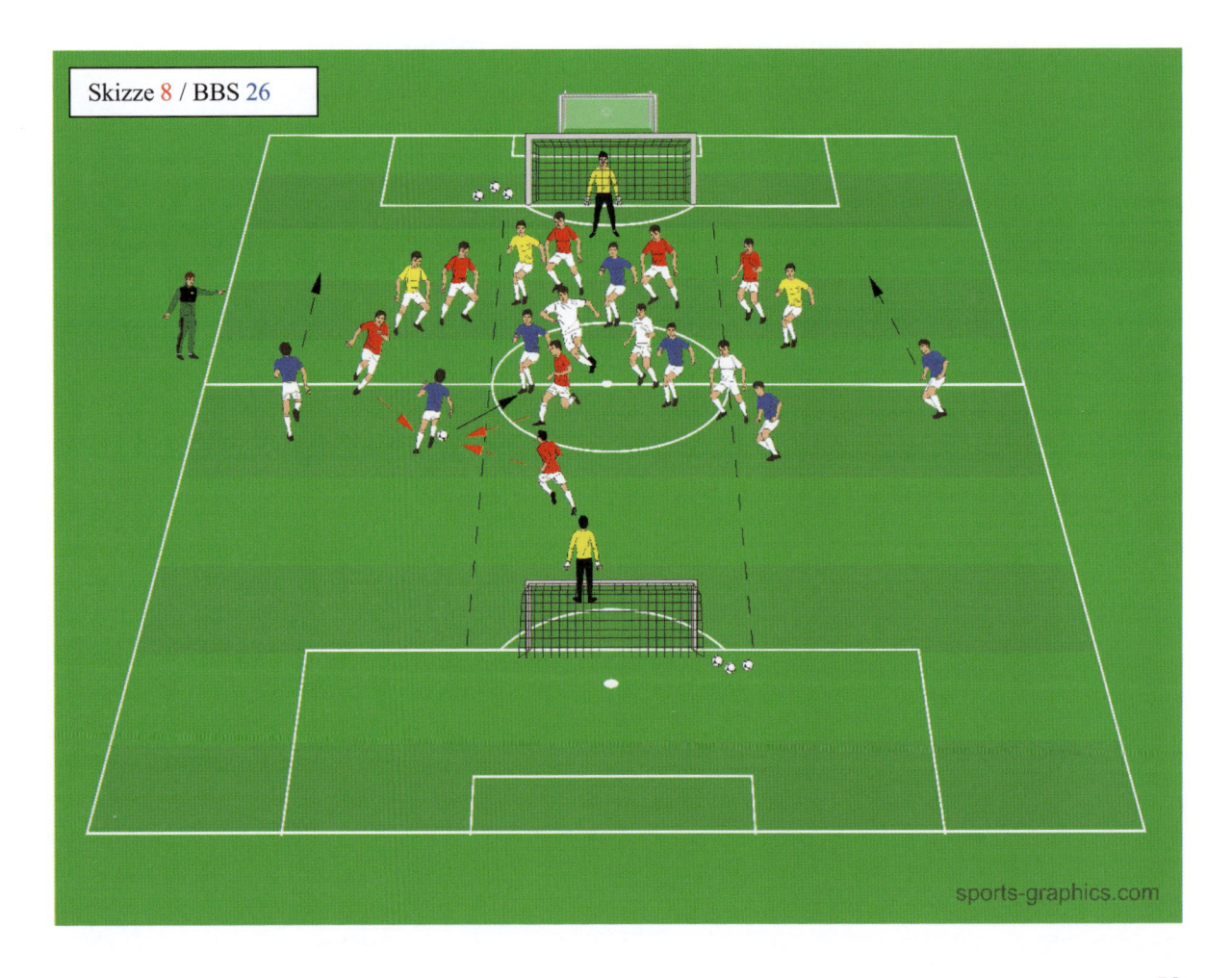

Das Pressing

58

Das Pressing

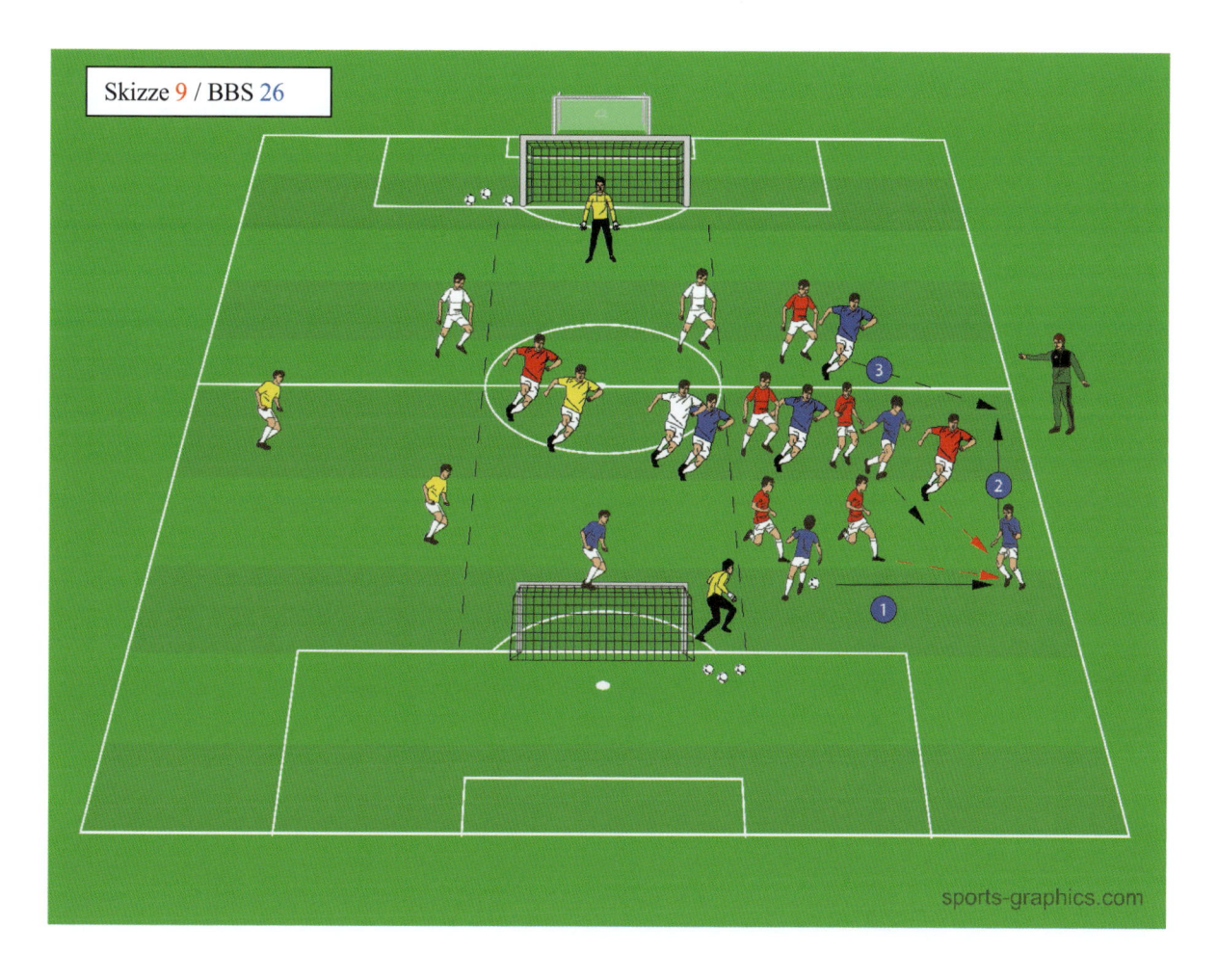

Skizze 9 / BBS 26

BASISBAUSTEIN 27

Das Umschaltspiel

Spielform 27: ‚Der schnelle Konter nach der Balleroberung'

Ziel:
› Erlernen und / oder Verbessern des Umschaltspiels im Zentrum und am Flügel

Organisation:
› ganzes Spielfeld oder von 16er zu 16er / 2 große Tore mit je 1 Torwart (→ Skizzen 1 und 2)
› zwei seitliche Korridore rechts und links sowie ein zentraler Korridor

Ablauf:
› Zwei Mannschaften spielen auf 2 große Tore: Sieben gegen Sieben
› Die durch das Pressing den Ball erobernde Mannschaft soll im sehr schnellen Umschaltspiel (= möglichst den ersten, jedoch spätestens den zweiten Pass unbedingt in die Tiefe spielen) versuchen, sich zentral (= der kürzeste Weg zum Tor / Skizze 2) oder alternativ am Flügel gegen das jeweilige Gegen-Pressing der Verteidiger zu behaupten (= schlaue Laufwege der Angreifer und der nachrückenden Mittelfeldspieler) und sich im schnellen Konter kreativ eine Torchance herauszuspielen (vorgegebene Angriffszeit: 6 bis maximal 8 Sekunden!)
› Die durch das Pressing den Ball verlierende Mannschaft soll sofort zum Gegen-Pressing ansetzen und den balleroberenden Gegenspieler per Kolbenstoßbewegung unter Druck setzen sowie gleichzeitig zentral verdichten, also möglichst schnell hinter die defensive Ball-Linie laufen, um so schließlich das schnelle Umschaltspiel des Gegners erfolgreich zu verhindern

Variationen:
› Das schnelle Umschaltspiel soll nach einer Balleroberung am Flügel mit einer schnellen Spielverlagerung über einen Pass ins Zentrum auf den anderen Flügel erfolgen
› Die verteidigende Mannschaft spielt mit 8 / 9 / 10 Spielern

Coaching-Hinweise:
› Der zentrale Korridor hat ungefähr die Breite des Mittelkreises, kann aber situativ auch etwas schmaler / breiter werden und im Zentrum muss die Abwehr eine Überzahl haben
› Deswegen sollten die diesbezüglich verantwortlichen Abwehrspieler sich untereinander so coachen, dass der zentrale Vierer-Block (= 2 Innenverteidiger plus zwei Sechser im 4:4:2) das Zentrum in der Breite erfolgreich schließt und die Stürmer kreativ davor agieren
› Somit kann nach einer Balleroberung im Zentrum (siehe Skizze 1) sofort einer der beiden Stürmer in der Tiefe angespielt und mit den anderen Spielern im Sprint nachgerückt werden
› Ich habe für Sie diese Spielsituation nach einem erfolgreichen zentralen Pressing der roten Mannschaft mit allen 22 Spielern skizziert = Balleroberung und 1. Pass in die Tiefe sowie 2. und 3. Pass / rote Pfeile (Skizze 2) Beachte: der 2. Stürmer startet steil aus der eigenen Abwehr und ist somit nicht abseits / fehlende Verteidiger = weiß, fehlende Angreifer = gelb

Das Umschaltspiel

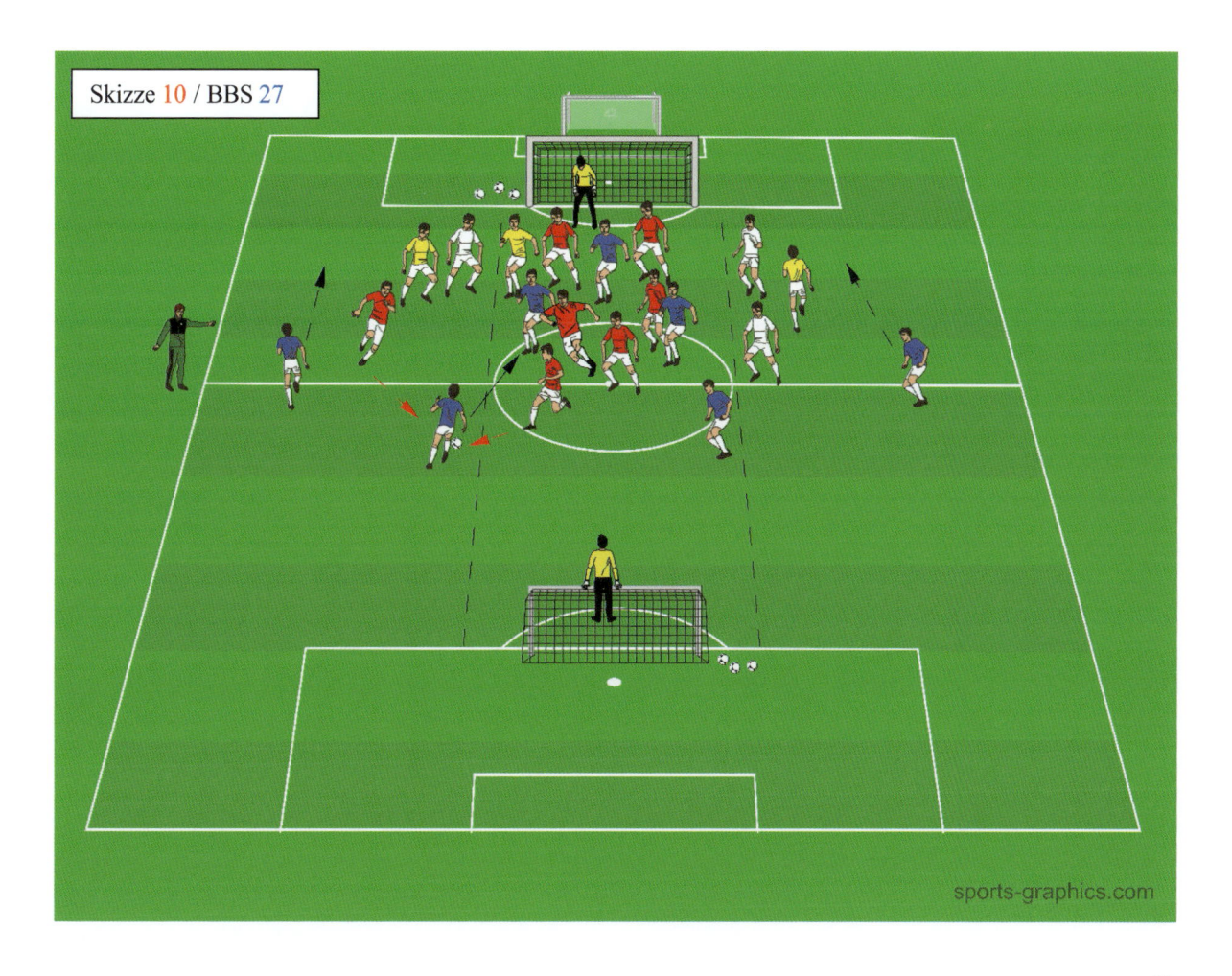

Skizze 10 / BBS 27

61

Das Umschaltspiel

Skizze 11 / BBS 27

BASISBAUSTEIN 28

Die sichere Spiel-Eröffnung aus der Abwehr

Spielform 28: ‚Elf gegen Fünf' - Positionsspiel

Ziel:
› Erlernen und / oder Verbessern der sicheren Spieleröffnung aus der Abwehr (= 4:4:2)

Organisation:
› halbes Spielfeld / 3 Zonen (= Abwehr / Mittelfeld / Angriff)
› 1. Zone = bis 20m vor dem Tor / 2. Zone = bis Beginn Mittelkreis / 3. Zone = bis Mittellinie
› 2 Mannschaften / 10 blaue Angreifer plus 1 Torwart spielen gegen 5 rote Verteidiger

Ablauf:
› Der Torwart eröffnet das Spiel zu seinem ballnahen rechter Außenverteidiger (= Skizze 1)
› Erst mit dem gespielten Pass des Torwarts sollen die attackierenden Spieler u.a. per Kolbenstoßbewegung zeitgleich anlaufen (= rote Pfeile in Skizze 1) und so den weiteren Spielaufbau über den Innenverteidiger oder über einen Mittelfeldspieler unterbinden
› Ziel ist es, durch schlaue Laufwege auf die Schnittstellen oder in die sich ergebenden, vertikalen Korridore, im alternativen sicheren Positionsspiel (= blaue Pfeile) den Ballbesitz zu behaupten und final einen der Stürmer in der Angriffszone anzuspielen (= Skizze 2)
› Damit ist der Spielaufbau aus der Abwehr beendet und beginnt von Neuem beim Torwart
› Bei einer Balleroberung erhalten die Verteidiger 1 Punkt und es beginnt eine neue Aktion

Variationen:
› Die Mittelfeld-Spieler dürfen nach der Spieleröffnung aus der Abwehr, sprich nach dem Zuspiel aus der Abwehr in die Mittelfeld-Zone, nicht mehr in die Abwehrzone zurückpassen
› die Spieleröffnung erfolgt im 3:5:2 = 2 Außenverteidiger und nur 1 zentraler Verteidiger

Coaching-Hinweise:
› Um erst einmal in die Spielform hineinzufinden und somit ein sicheres Positionsspiel aus der Abwehr ohne Ballverlust zu ermöglichen, soll die verteidigende Mannschaft erst nur versuchen, mögliche Pass-Wege zuzulaufen sowie den ballführenden Angreifer nur stellen
› Der Trainer muss darauf achten, dass alle Verteidiger <u>zeitgleich</u> zum Ball hin verschieben
› Der Trainer sollte bei der das Spiel eröffnenden Mannschaft wiederum darauf achten, dass die Spieler immer wieder in Ballnähe sich anbieten, indem sie mit dem ballführenden Spieler ein Angriffs-Dreieck bilden sowie die weiteren ballnahen Spieler sich sowohl in den sich ergebenden Schnittstellen zwischen den Verteidigern, als auch in den vertikalen Korridoren immer wieder schlau freilaufen und sich so auch zum Tiefenspiel anbieten
› Aufgrund der deutlichen Überzahl muss das schnelle und harte Pass-Spiel forciert werden
› Es müssen nicht alle Spieler im Positions-Spiel zwingend einmal den Ball gehabt haben
› Aufgrund der hohen Laufintensität sollten die Verteidiger rechtzeitig gewechselt werden

Die sichere Spiel-Eröffnung aus der Abwehr

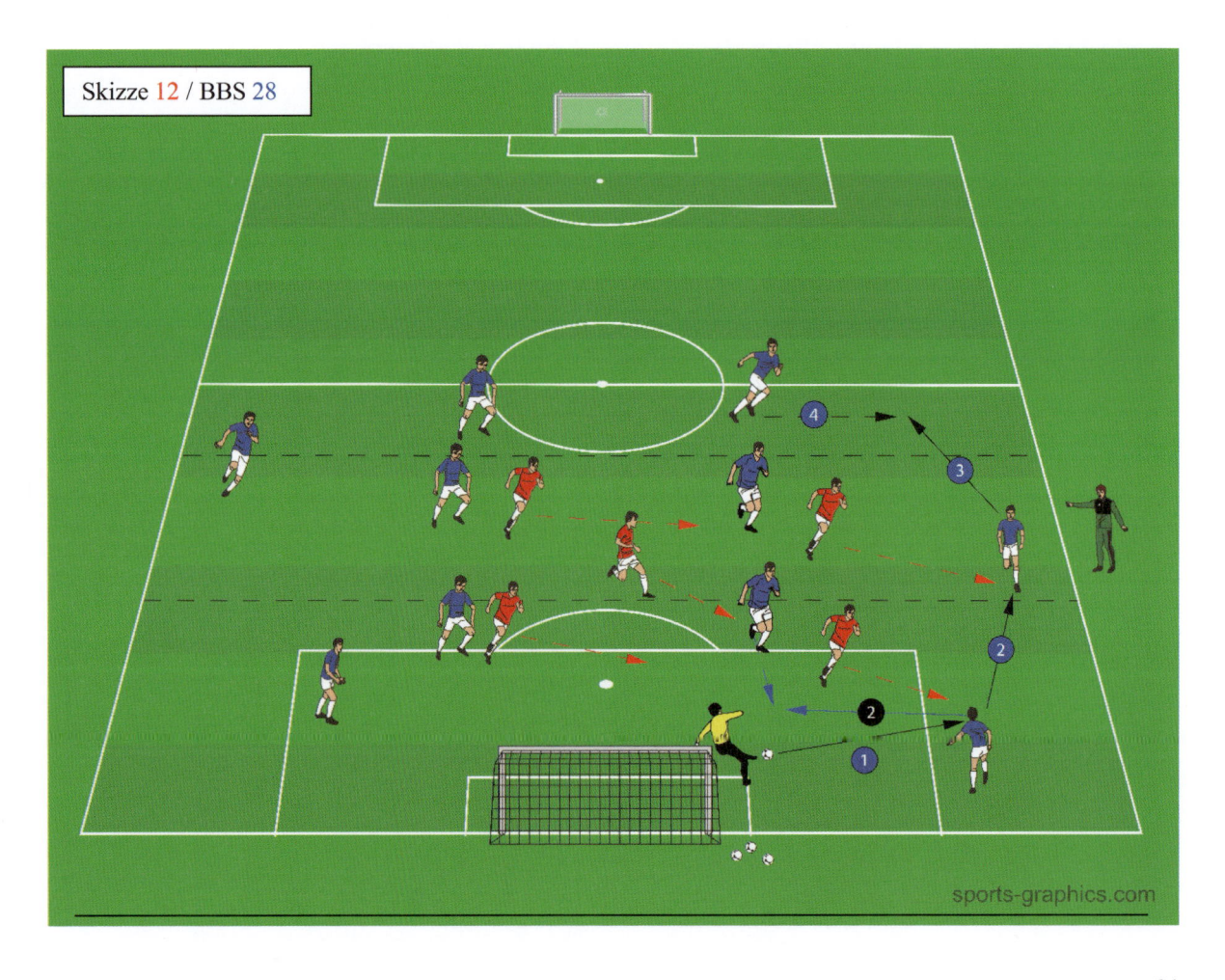

Die sichere Spiel-Eröffnung aus der Abwehr

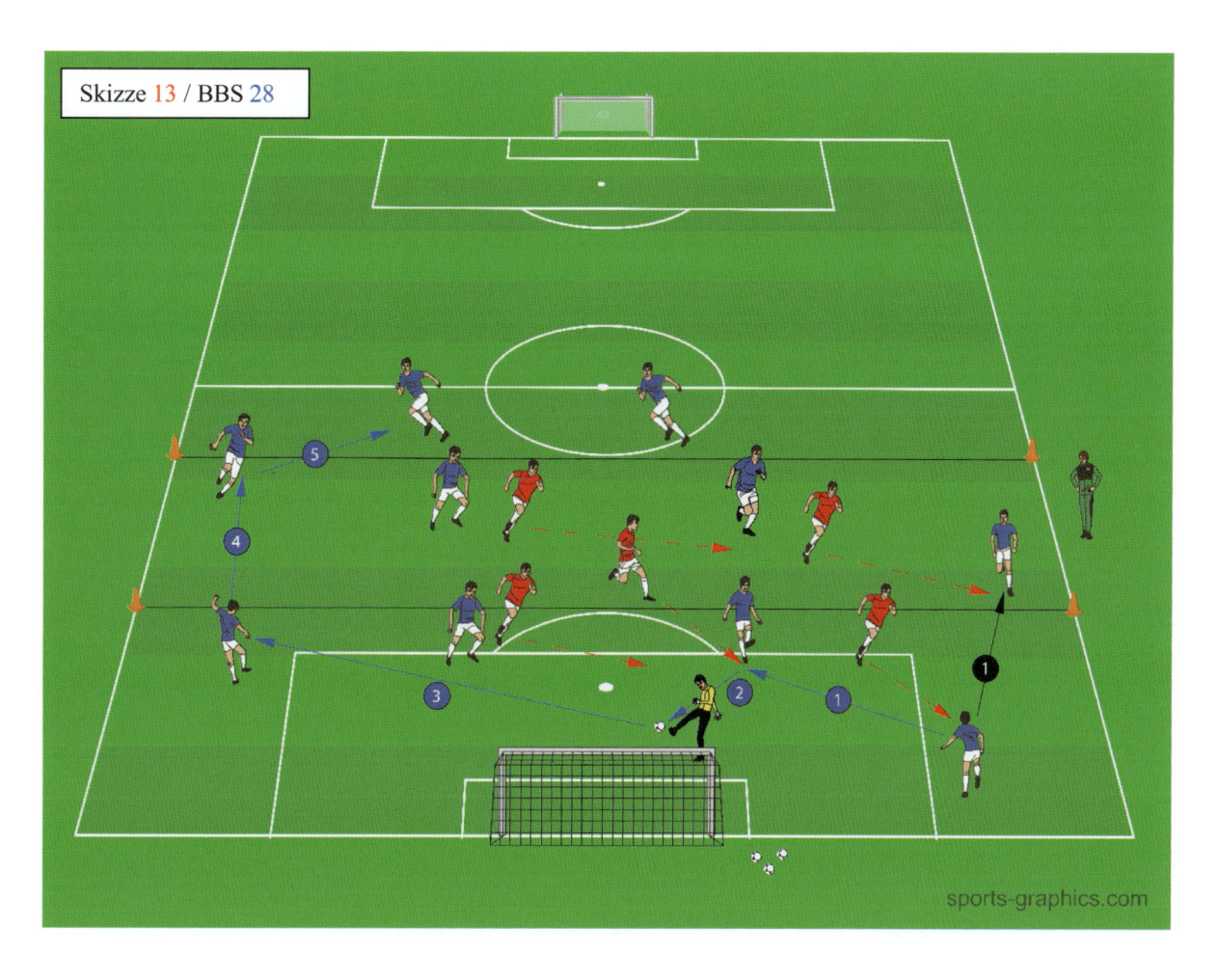

BASISBAUSTEIN 29

Der kreative Spiel-Aufbau im Mittelfeld

Spielform 29: ‚Elf gegen Fünf' - Positionsspiel

Ziel:
› Erlernen und / oder Verbessern des kreativen Spielaufbaus im Mittelfeld (= 4:4:2)

Organisation:
› halbes Spielfeld / 3 Zonen (→ Abwehr / Mittelfeld / Angriff)
› 1. Zone = bis 20m vor dem Tor / 2. Zone = bis Beginn Mittelkreis / 3. Zone = bis Mittellinie
› 2 Mannschaften / 10 blaue Angreifer plus 1 Torwart spielen gegen 5 rote Verteidiger

Ablauf:
› Start: ein Innenverteidiger spielt zu einem zentralen Mittelfeldspieler (= Skizze 1)
› Erst mit dem gespielten Pass des Mittelfeldspielers darf der gegnerische Mittelfeldspieler in Ballnähe per Kolbenstoßbewegung aggressiv anlaufen und den weiteren Spielaufbau mit den anderen Mittelfeldspielern oder situativ nachrückenden Verteidigern aktiv stören
› Ziel ist es, durch schlaue Laufwege auf die Schnittstellen oder in die sich ergebenden, vertikalen Korridore, im weiteren sicheren Positions- bzw. Pass-Spiel den Ballbesitz zu behaupten und final einen der beiden Stürmer in der Angriffszone anzuspielen (= Skizze 2)
› Damit ist der kreative Spielaufbau des Mittelfeldes durch ein konsequentes Positionsspiel mit schlauen Laufwegen beendet und beginnt von Neuem bei einem der Innenverteidiger
› Bei einer Balleroberung erhalten die Verteidiger 1 Punkt und es beginnt eine neue Aktion

Variationen:
› Der kreative Spielaufbau erfolgt so, dass jeder Mittelfeldspieler einmal im Positionsspiel den Ball gehabt haben muss, bevor einer der Angreifer final angespielt werden darf
› Die verteidigende Mannschaft spielt mit 6 / 7 / 8 Spielern etc.
› die Spieleröffnung erfolgt im 3:5:2 = 2 Außenverteidiger und nur 1 zentraler Verteidiger

Coaching-Hinweise:
› Um erst einmal in die Spielform hineinzufinden und somit ein sicheres Positionsspiel im Mittelfeld ohne Ballverlust zu ermöglichen, soll die verteidigende Mannschaft zunächst nur versuchen, mögliche Pass-Wege zuzulaufen sowie den ballführenden Angreifer nur stellen
› Der Trainer muss darauf achten, dass alle Verteidiger <u>zeitgleich</u> zum Ball hin verschieben
› Der Trainer sollte bei der das Spiel eröffnenden Mannschaft wiederum darauf achten, dass die Spieler stets in Ballnähe sich anbieten, indem sie mit dem ballführenden Spieler ein Angriffs-Dreieck bilden sowie die weiteren ballnahen Spieler sich immer wieder schlau freilaufen und sich unter anderem auch zum Tiefenspiel anbieten
› Aufgrund der deutlichen Überzahl muss das schnelle und harte Pass-Spiel forciert werden

Der kreative Spiel-Aufbau im Mittelfeld

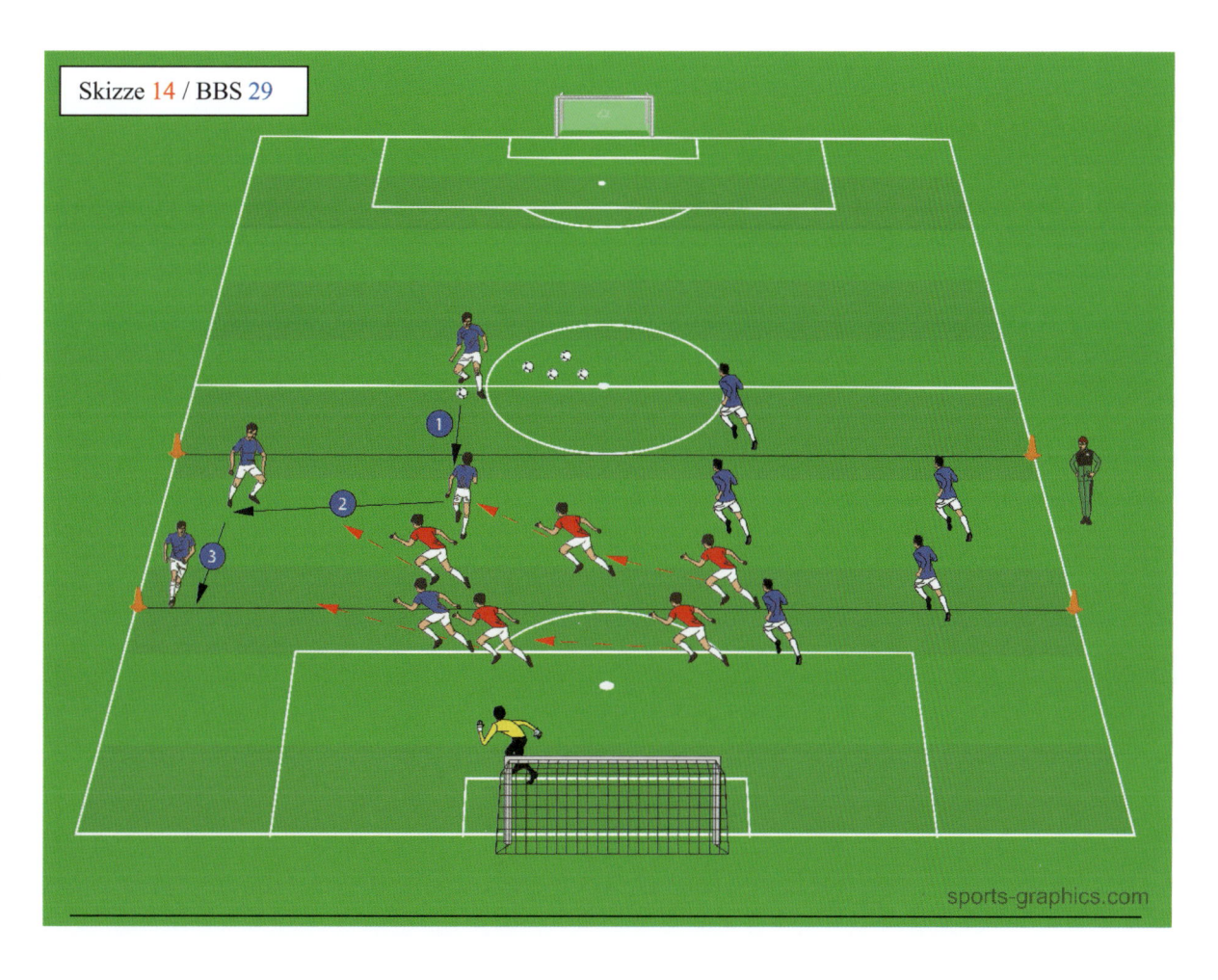

Der kreative Spiel-Aufbau im Mittelfeld

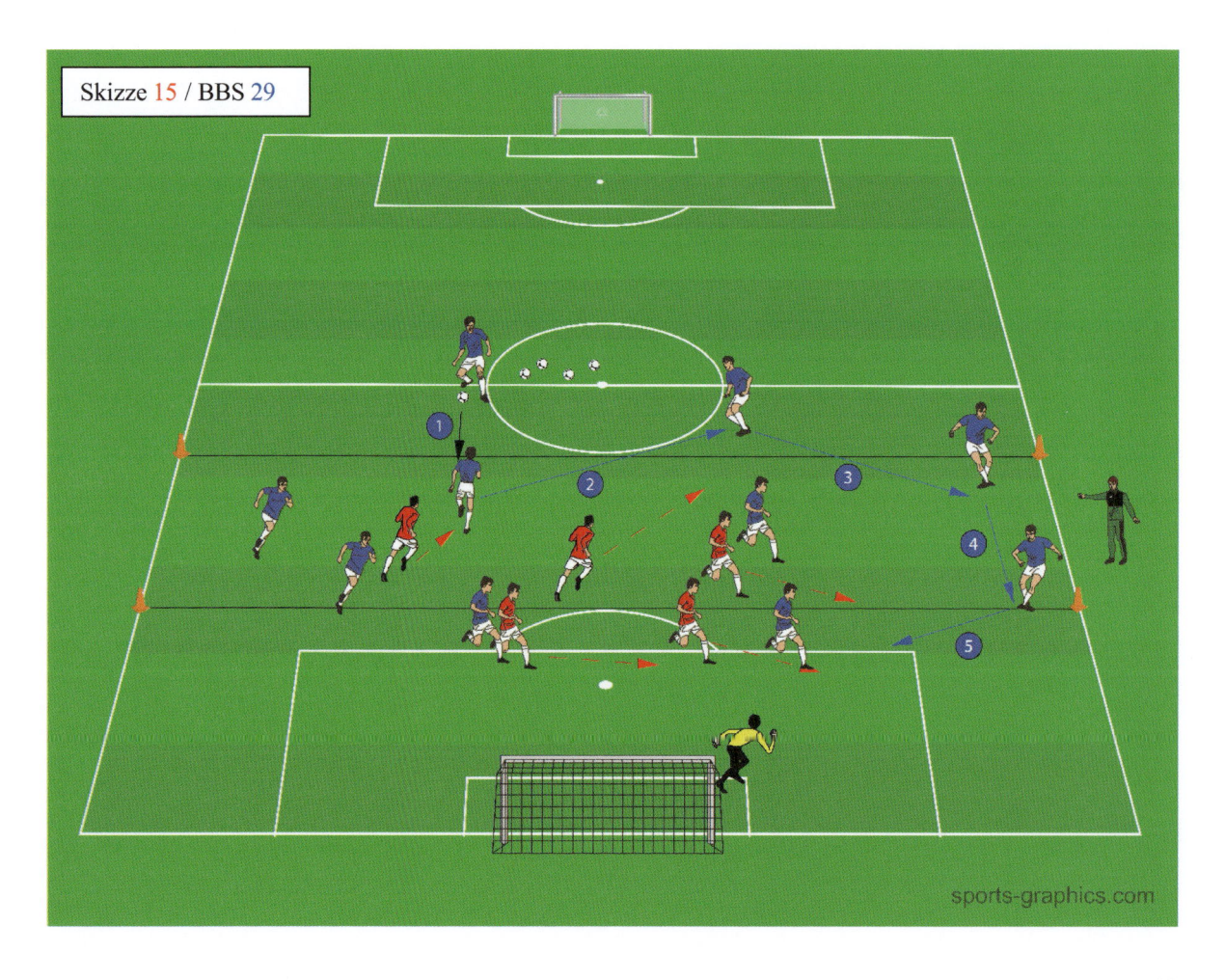

BASISBAUSTEIN 30

Der zielstrebige Angriffs-Abschluss

Spielform 30: ‚Elf gegen Fünf' - Positionsspiel

Ziel:
› Erlernen und / oder Verbessern des zielstrebigen Angriffs-Abschlusses (= 4:4:2)

Organisation:
› halbes Spielfeld / 3 Zonen (= Abwehr / Mittelfeld / Angriff)
› 1. Zone = bis 20m vor dem Tor / 2. Zone = bis Beginn Mittelkreis / 3. Zone = bis Mittellinie
› 2 Mannschaften / 10 blaue Angreifer spielen gegen 5 rote Verteidiger plus 1 Torwart

Ablauf:
› Start: ein Innenverteidiger spielt zu einem zentralen Mittelfeldspieler (= Skizze 1)
› Erst mit dem gespielten Pass des Mittelfeldspielers darf der gegnerische Mittelfeldspieler in Ballnähe per Kolbenstoßbewegung aggressiv anlaufen und den weiteren Spielaufbau mit den anderen Mittelfeldspielern oder situativ nachrückenden Verteidigern aktiv stören
› Ziel ist es, durch schlaue Laufwege auf die Schnittstellen oder in die sich ergebenden, vertikalen Korridore, im sicheren Positionsspiel den Ballbesitz zu behaupten und final in der Angriffszone einen der nachrückenden und in den Strafraum sprintenden Angreifer in Schussposition zu bringen (= Skizze 2: nur beispielhaft mit der Option des Hinterlaufens am Flügel); die Verteidiger sollen in den 16er nachsetzen und dieses möglichst verhindern
› Bei einer Balleroberung erhalten die Verteidiger 1 Punkt und es beginnt eine neue Aktion

Variationen:
› Die angreifende Mannschaft darf nur mit zwei Kontakten spielen
› Die verteidigende Mannschaft spielt mit 6 / 7 / 8 Spielern etc.
› die Spieleröffnung erfolgt im 3:5:2 = 2 Außenverteidiger und nur 1 zentraler Verteidiger

Coaching-Hinweise:
› Um erst einmal in die Spielform hineinzufinden und somit eine sichere kreative Angriffsvorbereitung zu ermöglichen, soll die verteidigende Mannschaft zunächst nur versuchen, mögliche Pass-Wege zuzulaufen und den ballführenden Angreifer nur stellen
› Der Trainer muss darauf achten, dass alle Verteidiger zeitgleich zum Ball hin verschieben
› Der Trainer sollte bei der das Spiel eröffnenden Mannschaft wiederum darauf achten, dass die Spieler stets in Ballnähe sich anbieten, indem sie mit dem ballführenden Spieler ein Angriffs-Dreieck bilden sowie die weiteren ballnahen Spieler sich sowohl in den sich ergebenden Schnittstellen zwischen den Verteidigern, als auch in den vertikalen Korridoren immer wieder schlau freilaufen und sich so auch zum Tiefenspiel anbieten
› Aufgrund der hohen Laufintensität sollten die Verteidiger rechtzeitig gewechselt werden

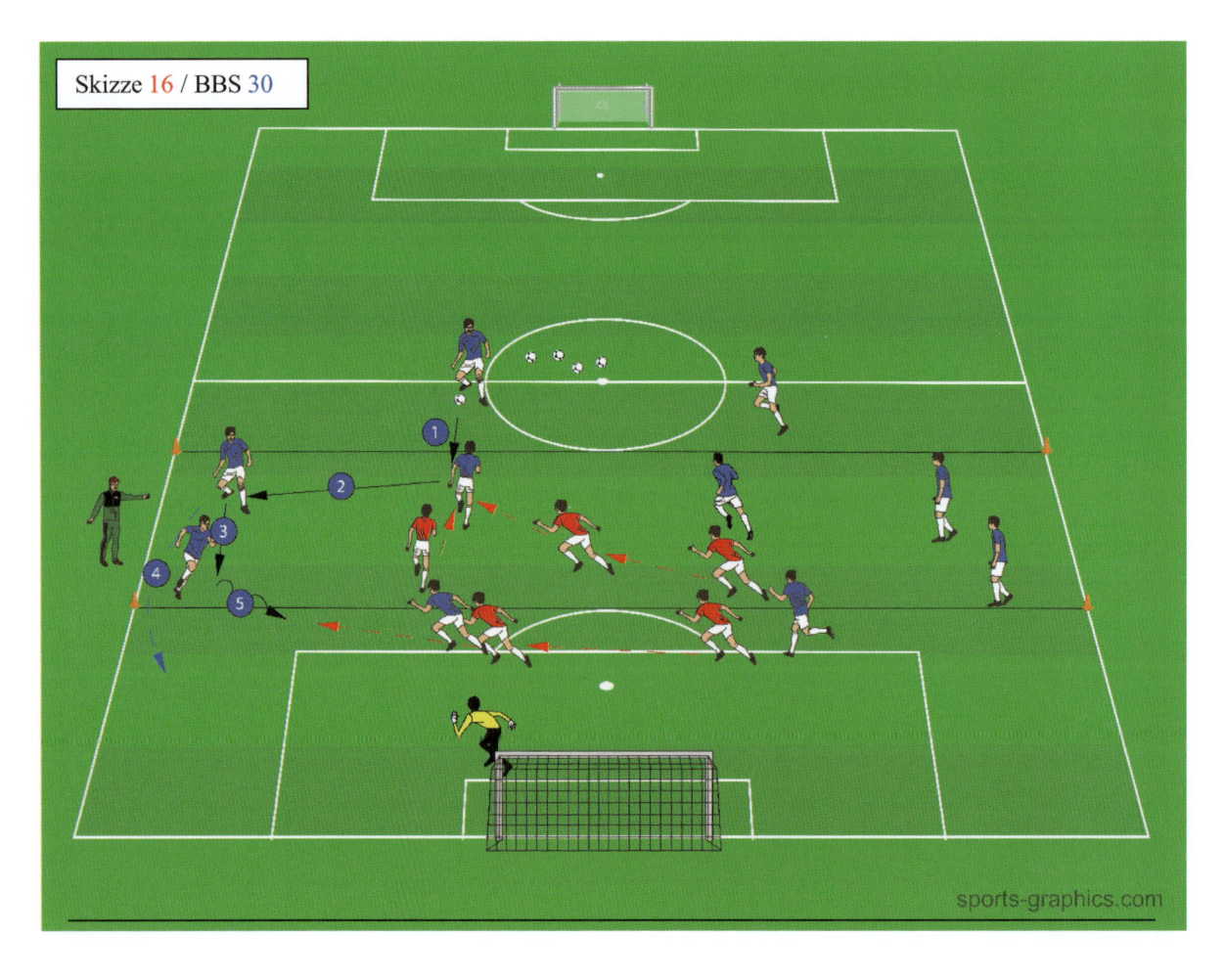

Der zielstrebige Angriffs-Abschluss

Skizze 16 / BBS 30

Der zielstrebige Angriffs-Abschluss

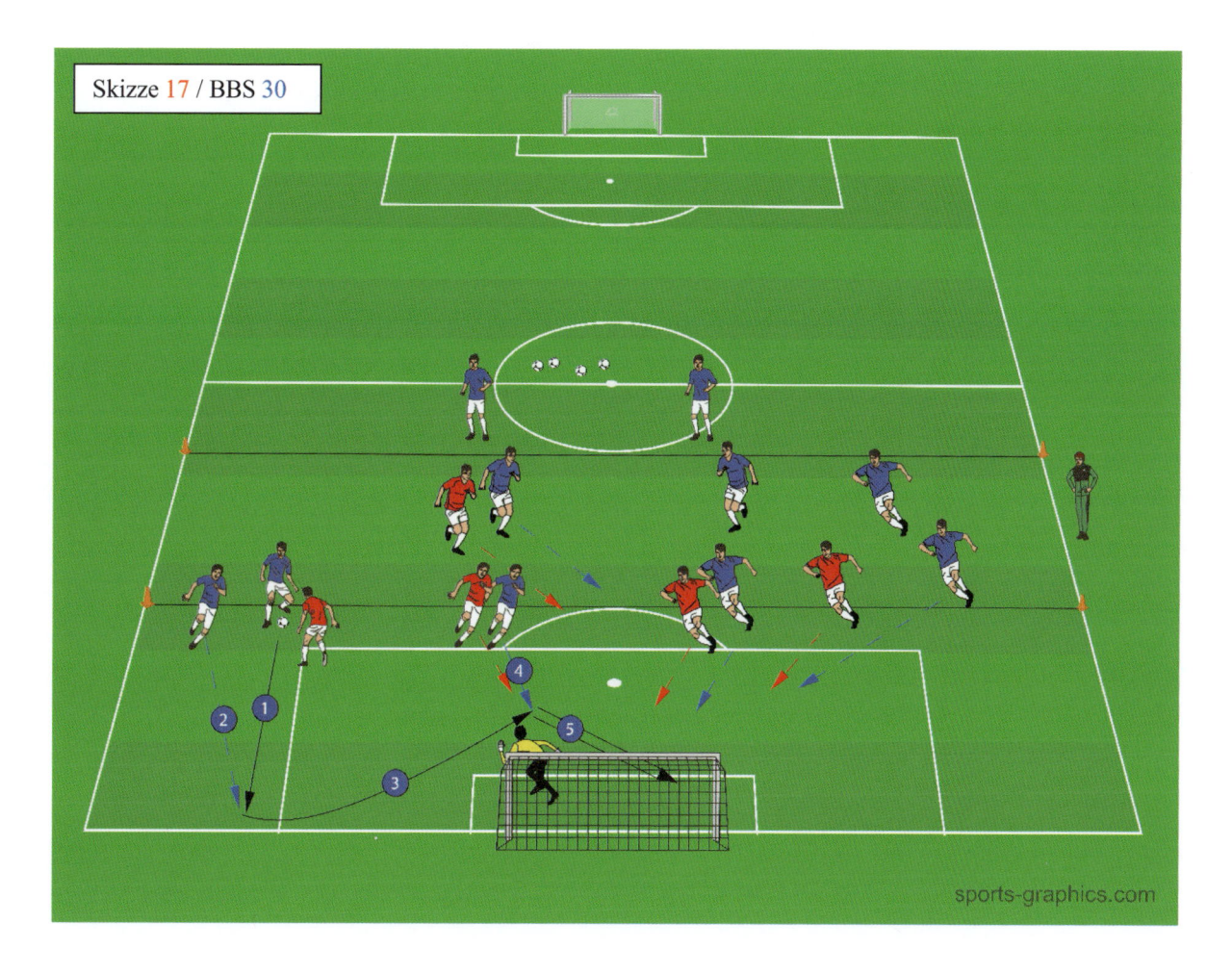

6 Abbildungen und Skizzen

Abbildungen:

Abb. 01: Übersicht über die altersgemäßen Trainingsschwerpunkte   13
Abb. 02: Einfache Passfolgen im Leistungsalter - Übung 1   25
Abb. 3a: Einfache Passfolgen im Leistungsalter - Übung 2   27
Abb. 3b: Einfache Passfolgen im Leistungsalter - Übung 3   28
Abb. 04: Taktiksituation 1 im: 11 gegen 11   33
Abb. 05: Taktiksituation 2 im: 11 gegen 11   35
Abb. 06: Spielaufbau im: 7 gegen 7 mit je 3 Ergänzungsspielern   38
Abb. 07: Umschaltspiel: Sieben gegen Sieben / Situation 1: Balleroberung   40
Abb. 08: Umschaltspiel: Sieben gegen Sieben / Situation 2: 1. Pass in die Tiefe   41

Erklärungen:

BBS = Basisbaustein

Hinweis:

Die Spielformen im Leistungsalter werden zum Teil in mehreren aufeinanderfolgenden Spiel-Situationen (Beispiel → Spielform 25: Situation A - Spielform 25 Situation B) dargestellt. Die Ausgangs-Situation der jeweiligen Spielform ist aber immer die Situation A!

Die jeweils zum Teil noch ergänzend dargestellten Spiel-Situationen B zeigen insofern lediglich die mit einem gespielten Pass sich ändernden Lauf-Wege der jeweils an der Spiel-Situation beteiligten Spieler und dienen somit nur dem besseren Verständnis des von mir eine Skizze zuvor graphisch dargestellten Sachverhaltes.

Skizzen:

Skizze 01:	BBS 21 Fünf gegen Fünf - Spielform	45
Skizze 02:	BBS 22 Sechs gegen Sechs - Spielform	47
Skizze 03:	BBS 23 Sieben gegen Sieben - Spielform	49
Skizze 04:	BBS 24 Das Spiel im Zentrum - Spielform / Situation A	52
Skizze 05:	BBS 24 Das Spiel im Zentrum - Spielform / Situation B	53
Skizze 06:	BBS 25 Das Spiel im seitlichen Korridor - Spielform / Situation A	55
Skizze 07:	BBS 25 Das Spiel im seitlichen Korridor - Spielform / Situation B	56
Skizze 08:	BBS 26 Das Pressing – Spielform / Situation A	58
Skizze 09:	BBS 26 Das Pressing – Spielform / Situation B	59
Skizze 10:	BBS 27 Das Umschaltspiel – Spielform / Situation A	61
Skizze 11:	BBS 27 Das Umschaltspiel – Spielform / Situation B	62
Skizze 12:	BBS 28 Die Spiel-Eröffnung – Spielform / Situation A	64
Skizze 13:	BBS 28 Die Spiel-Eröffnung – Spielform / Situation B	65
Skizze 14:	BBS 29 Der Spiel-Aufbau – Spielform / Situation A	67
Skizze 15:	BBS 29 Der Spiel-Aufbau – Spielform / Situation B	68
Skizze 16:	BBS 30 Der Angriffs-Abschluss – Spielform / Situation A	70
Skizze 17:	BBS 30 Der Angriffs-Abschluss – Spielform / Situation B	71

Erklärungen:

BBS = Basisbaustein

Hinweis:

Die Spielformen im Leistungsalter werden zum Teil in mehreren aufeinanderfolgenden Spiel-Situationen (Beispiel → Spielform 25: Situation A - Spielform 25 Situation B) dargestellt. Die Ausgangs-Situation der jeweiligen Spielform ist aber immer die Situation A!

Die jeweils zum Teil noch ergänzend dargestellten Spiel-Situationen B zeigen insofern lediglich die mit einem gespielten Pass sich ändernden Lauf-Wege der jeweils an der Spiel-Situation beteiligten Spieler und dienen somit nur dem besseren Verständnis des von mir eine Skizze zuvor graphisch dargestellten Sachverhaltes.

7 Zu guter Letzt

Ich arbeite mittlerweile seit 17 Jahren als Rehabilitations-Trainer und als Sport-Therapeut in einer orthopädisch-traumatologischen Fach-Klinik, u.a. in der ‚Erweiterten Ambulanten Physiotherapie' (= EAP).

Dabei geht es unter anderem um die sporttherapeutische Nachbehandlung orthopädischer Verletzungsbilder (zum Beispiel: Riss des vorderen Kreuzbandes / Bänderriss am Fuß etc.) sowie um die orthopädische Rehabilitation nach schwerwiegenden Berufsunfällen.

Hierbei erfolgt die Behandlung eines Sportlers oder eines Patienten zwar jeweils immer nach dem aktuell gültigen, allgemeinen Behandlungs-Standard (= ‚Goldener Standard') bzw. nach einem vorgegebenen Behandlungs-Algorithmus, aber es kommt dabei unter Umständen vom Therapeuten entsprechend zu berücksichtigenden, individuellen Besonderheiten (› Streck- / Beugedefizit nach einer Knie-OP / › ‚Reiz-Knie' / › Bewegungsschmerzen etc.).

Insofern ist die Grundlage jeder Sport-Therapie zwar die wissenschaftliche, auf den gültigen biomechanischen Gesetzmäßigkeiten beruhende Vorgehensweise, die aber eben oftmals nicht nach den oben erwähnten ‚Goldenen Standards' im Sinne von: nach ‚Schema F' erfolgen kann; so gilt es, die Individualität des Einzelnen in der Therapie grundsätzlich genauso zu respektieren, wie bei den von Ihnen auszubildenden Spielern, egal wie alt diese sind!

Die Sport-Wissenschaft bietet einem lediglich die zwingend erforderlichen, jedoch noch recht groben ‚Filter', zum Beispiel in Form der im Reha-Training ganz allgemein anzuwendenden Übungen, die dabei durchzuführende Anzahl der Sätze oder Wiederholungen pro Satz etc.

Aber nur der aktuelle Status-Quo des jeweiligen Patienten (= seine Größe / sein Gewicht / sein aktueller Trainingszustand / seine sportiven Fähigkeiten / Heilungsverlauf) entscheidet grundsätzlich über das jeweilige ‚Fein-Tuning' in der Therapie!

So sind auch die von Ihren Spielern erst zu erlernenden und dann im Spiel anzuwendenden Bewegungsschemata - wie die ‚Goldenen Standards' - auch nur grobe Filter, die allerdings weltweit gültig sind und somit für jeden Fußballspieler auf der ganzen Welt einen sehr hohen Wiedererkennungs-Charakter besitzen, da sie zumindest grob eben immer und überall nach den gleichen Lauf- bzw. Bewegungsschemata (= ‚Schema F' / s.o.) durchgeführt werden!

Aber kein Pass auf der ganzen Welt wird auf den Millimeter genau gleich gespielt und auch kein Hinterlaufen erfolgt auf den Millimeter genau zweimal, sondern jeder Pass und jedes Hinterlaufen ist so einmalig wie Ihr Fingerabdruck oder Ihr Gesicht, wenngleich das dem Hinterlaufen zugrunde liegende Schema jedoch immer dem gleichen Bewegungsschema oder eben groben Filter im Sinne von ‚Schema F' entspricht - und nur darum geht es!

Denn diese Muster oder Bewegungsschemata besitzen durch die dabei immer sich ähnelnden Pass- und Laufwege einen sehr hohen Wiedererkennungscharakter und fungieren somit für Ihre Spieler wie ein Filter, der durchlaufen wird, wodurch das Gehirn Ihrer Spieler sehr schnell die geometrischen Bilder der Bewegungsschemata im Spiel ‚lesen' kann!

Nur auf diese Art und Weise kann die nächste Aktion des Gegners oder auch des eigenen Mitspielers sehr schnell antizipiert (= das Spiel ‚lesen') und das eigene Spielverhalten der jeweiligen Situation unmittelbar und taktisch klug jederzeit angepasst werden

Insofern ist es lediglich wichtig, dass der Patient wie der Spieler ihr Ziel erreichen, und das kann in dem einen (Patienten-) Fall nach einem erlittenen Kreuzbandriss bereits nach sechs, oder aber erst nach acht oder sogar auch erst nach 12 Monaten sein, und im anderen (Spieler-) Fall das Verstehen dieser sehr komplexen taktischen Zusammenhänge des Leistungstrainings erst nach zwei oder drei und in Einzelfällen gar erst nach vier oder noch mehr Jahren sein…!

<u>Deswegen - weil es so wichtig ist - zu guter Letzt noch einmal:</u>

Haben Sie ein wenig Geduld mit Ihren Spielern, schließlich haben Sie gemeinsam mit Ihrem Team für das Erreichen Ihrer Ziele <u>in jeder Ausbildungsstufe</u> (!) sogar vier Jahre Zeit.

Und: Rom ist bekanntermaßen auch nicht nur an einem Tag erbaut worden…

Nicht zuletzt bietet Ihnen mein Rahmentrainingsplan Juniorenfußball (RTJ) auch für Sie als Trainer genügend Freiraum zur Selbstverwirklichung als Trainer, vorausgesetzt, Sie erfüllen immer auch die inhaltlichen Vorgaben aller drei Ausbildungsstufen des RTJs.

Ich wünsche Ihnen - wie auch immer *Ihr* Weg aussehen mag - wie bereits gesagt, viel Spaß und viel Erfolg bei der Ausbildung der Ihnen anvertrauten Spieler!

Mit sportlichen Grüßen

Ihr Uli Schröder

8 Zum Autor

Ausbildung:
- DFB-Fußball-Lehrer
- Diplomsportlehrer
- Athletik-Trainer
- Sport-Mentaltrainer

Referententätigkeiten:
- FLVW (→ Trainer C- und B-Lizenz-Ausbildung)
- DFB (→ Trainer A-Lizenz-Ausbildung)
- Fußball-Kreise des FLVW (→ Übungsleiter-Ausbildung)
- Fußball-Vereine des FLVW (→ Trainer-Fortbildung)

Unter anderem in folgenden Funktionen bisher als Trainer gearbeitet:
- DFB-Stützpunkttrainer an der Ruhr Universität Bochum
- DFB-Honorartrainer (→ Athletik-Trainer für die U-20 Männer-Nationalmannschaft während ihres Wintertrainingslagers 2003 in Quatar)
- DFB-Honorartrainer (→ Athletik-Trainer für die U-16/17 Frauen-Nationalmannschaft)
- Juniorentrainer der SSV Buer 07/28 (→ Kooperationsverein des FC Schalke 04 mit dem Ziel der Talentsichtung und Talentförderung)
- Koordinationstrainer (→ FC Schalke 04 / Junioren)
- Athletik-Trainer (→ SC Rot Weiß Essen / Junioren)

Stationen / Erfolge als ,Aktiver':
- B- und A-Juniorennationalspieler (FC Schalke 04)
- Deutscher Meister B-Junioren (FC Schalke 04)
- Deutscher Vizemeister B- und A-Junioren (FC Schalke 04)
- Fußballprofi beim FC Schalke 04 (1979 - 1981)
- Amateurspieler in diversen Vereinen (1982 - 1989)

Printed in Great Britain
by Amazon

d5bea53e-d081-4d37-899b-9f8bdd62b576R02